RECLAM-BIBLIOTHEK

Ein Vater – DÄDALUS, der Künstler, der Erfinder – flieht zusammen mit seinem Sohn – IKARUS – mittels künstlicher Flügel aus der Gefangenschaft eines Tyrannen. Wegen Mißachtung der väterlichen Instruktion stürzt der Sohn zu Tode, während der Vater wohlbehalten ankommt.

Eine einfache Geschichte. Doch Mythen sind vieldeutig, diese Auswahl belegt es: Den Texten der Antike, die die Beziehung von Vater und Sohn bereits psychologisieren, folgen Zeugnisse aus der europäischen Renaissance-Literatur, die Ikarus schließlich heroisieren und zum Muster des unbedingt Liebenden erheben. Von Goethe über Baudelaire bis D'Annunzio zeigt sich, wie der stürzende Held zu einer Leitfigur des modernen Künstlers avanciert. Im 20. Jahrhundert identifiziert sich eine junge, rebellische Generation mit dem Neuerer Ikarus. In der deutschsprachigen Literatur der letzten Jahrzehnte dann begegnen oftmals politisch und existentiell motivierte Deutungen des Mythos sowie eine Vielzahl von Bildgedichten und -erzählungen zu Pieter Brueghels Gemälde »Der Sturz des Ikarus«.

Achim Aurnhammer und Dieter Martin lehren Neuere Deutsche Literatur an der Universität Freiburg im Breisgau.

Mythos Ikarus

Texte von Ovid bis Wolf Biermann

Herausgegeben von Achim Aurnhammer
und Dieter Martin

RECLAM VERLAG LEIPZIG

Mit 18 Abbildungen

ISBN 3-379-01646-2

Einzelne Nachweise unter »Quellen und Anmerkungen«

Reclam-Bibliothek Band 1646
1. Auflage, 1998
Reihengestaltung: Hans Peter Willberg
Umschlaggestaltung: Oberberg + Puder, Leipzig, unter Verwendung einer Aufnahme von Antonio Canova, Dedalo e Icaro; 1778/79
Gesetzt aus Meridien
Satz: Peter Conrad, Brandis
Druck und Bindung: Ebner Ulm
Printed in Germany

Inhalt

III. Künstler und Märtyrer. Ikarus von der Klassik bis zur Klassischen Moderne

IV. Rebellen und Neuerer. Ikariden vom Expressionismus bis zum Zweiten Weltkrieg

V. Utopisten.
Ikarus in der deutschen Dichtung der Gegenwart

APPENDIX:
»Kein Pflug steht still um eines Menschen willen«. Pieter Brueghels *Der Sturz des Ikarus* und die Dichter

Ikarus:
Der bekannte Sohn des Dädalus. Er wurde mit seinem Vater vom Minos in das Kretische Labyrinth versperrt. Die väterliche Zärtlichkeit suchte auch für ihn Rettung und das Künstlertalent bildete die Flügel, welche mit Wachs an die Schultern geheftet wurden. Der Jüngling erhob sich mit dem Vater in die Lüfte, schwang sich aber wider die väterliche Warnung zu hoch, daß das Wachs vom Sonnenstrahl schmolz und er sein Grab in dem Meere fand, das man nach ihm das Ikarische nannte.

Karl Philipp Moritz, Mythologisches Wörterbuch (1794)

I

Vater und Sohn. Dädalus und Ikarus in der Antike

… es war das Profil des Ikarus aus dem Relief der Villa Albani in Rom, der Körper noch beinahe der eines Kindes, der Kopf bereits zu groß, die Rechte auf dem Schicksalsflügel ruhend, den sein Vater fast fertiggestellt hat.

Cees Nooteboom, Die folgende Geschichte

Relief/Marmor. 2. Jahrhundert nach Chr.
Rom, Villa Albani.

OVID

Ars amatoria

Liber II 17–98

Magna paro, quas possit Amor remanere per artes,
dicere, tam vasto pervagus orbe puer.
et levis est et habet geminas, quibus avolet, alas;
difficile est illis inposuisse modum.
hospitis effugio praestruxerat omnia Minos;
audacem pinnis repperit ille viam.
Daedalus, ut clausit conceptum crimine matris
semibovemque virum semivirumque bovem,
»sit modus exilio,« dixit »iustissime Minos;
accipiat cineres terra paterna meos,
et, quoniam in patria fatis agitatus iniquis
vivere non potui, da mihi posse mori.
da reditum puero, senis est si gratia vilis;
si non vis puero parcere, parce seni.«
dixerat haec, sed et haec et multo plura licebat
diceret, egressus non dabat ille viro.
quod simul ut sensit, »nunc nunc, o Daedale,« dixit
»materiam, qua sis ingeniosus, habes.
possidet et terras et possidet aequora Minos:
nec tellus nostrae nec patet unda fugae.
restat iter caeli: caelo temptabimus ire.
da veniam coepto, Iuppiter alte, meo.
non ego sidereas adfecto tangere sedes;
qua fugiam dominum, nulla nisi ista via est.
per Styga detur iter, Stygias transnabimus undas;
sunt mihi naturae iura novanda meae.«

Liebeskunst

Zweites Buch, Vers 17–98

Ich rüste mich zu großen Dingen: zu sagen, durch welche Künste Amor zum Bleiben bewogen werden kann, ein Knabe, der in der weiten Welt so gern überall umherschweift: Er ist leicht und hat zwei Flügel, mit denen er davonfliegen kann; es ist schwer, ihnen Maß und Ziel zu setzen. Gegen eine Flucht seines Gastes hatte Minos alle Vorkehrungen getroffen; er aber fand den kühnen Weg auf dem Gefieder. Sobald Dädalus den von der Mutter in Frevel empfangenen Menschen, der zur Hälfte ein Stier, den Stier, der zur Hälfte ein Mensch war, eingesperrt hatte, sprach er: »Möge die Verbannung ein Ende haben, Minos, du allergerechtester, möge die väterliche Erde meine Asche aufnehmen, und da ich, von feindseligem Schicksal getrieben, nicht im Vaterlande leben konnte, gib mir die Möglichkeit, dort zu sterben. Schenke dem Knaben die Heimkehr, wenn dir der Dank des Greises nichts bedeutet; wenn du den Knaben nicht schonen willst, schone den Greis.« Sprach's, aber, mochte er auch dies und noch viel mehr sagen, Minos ließ ihn nicht ziehen. Sobald er dies eingesehen hatte, sprach er: »Jetzt, jetzt hast du, Dädalus, einen Stoff, an dem du deine Erfindergabe bewähren kannst. Minos besitzt Land und Meer – weder Erde noch Wasser steht unserer Flucht offen. Es bleibt der Weg durch die Luft: durch die Luft werden wir zu gehen versuchen; hoher Jupiter, vergib mein Unterfangen! Ich mache mich nicht anheischig, die Sternenwohnungen anzutasten; um meinem Zwingherrn zu entgehen, gibt es nur diesen Weg. Gesetzt, es ginge ein Weg durch die Styx: selbst die stygischen Fluten werden wir durchschwimmen. Ich muß die Rechte meiner Menschennatur neu bestimmen.« Oft setzt Not den Erfindergeist in Bewegung: Wer hätte je gedacht, ein Mensch

ingenium mala saepe movent: quis crederet umquam
  aerias hominem carpere posse vias?
remigium volucrum, disponit in ordine pinnas
  et leve per lini vincula nectit opus;
imaque pars ceris adstringitur igne solutis,
  finitusque novae iam labor artis erat.
tractabat ceramque puer pinnasque renidens
  nescius haec umeris arma parata suis.
cui pater »his« inquit »patria est adeunda carinis;
  hac nobis Minos effugiendus ope.
aera non potuit Minos, alia omnia clausit:
  quem licet, inventis aera rumpe meis.
sed tibi non virgo Tegeaea comesque Bootae,
  ensiger Orion, aspiciendus erit:
me pinnis sectare datis; ego praevius ibo:
  sit tua cura sequi, me duce tutus eris.
nam, sive aetherias vicino sole per auras
  ibimus, impatiens cera caloris erit;
sive humiles propiore freto iactabimus alas,
  mobilis aequoreis pinna madescet aquis.
inter utrumque vola; ventos quoque, nate, timeto,
  quaque ferent aurae, vela secunda dato.«
dum monet, aptat opus puero monstratque moveri,
  erudit infirmas ut sua mater aves;
inde sibi factas umeris accommodat alas
  perque novum timide corpora librat iter;
iamque volaturus parvo dedit oscula nato,
  nec patriae lacrimas continuere genae.
monte minor collis, campis erat altior aequis;
  hinc data sunt miserae corpora bina fugae.
et movet ipse suas et nati respicit alas
  Daedalus et cursus sustinet usque suos.

könne den Luftweg durchstürmen? Das Ruderwerk der Vögel, Federn, ordnet er der Reihe nach und verknüpft die schwerelose Schöpfung mit linnenen Fesseln; das unterste Ende wird mit Wachs zusammengehalten, das am Feuer aufgelöst wurde, und schon war das Werk einer neuen Kunst vollendet. Strahlend spielte der Knabe mit Wachs und Federn, ohne zu wissen, daß dies als Ausrüstung für seine Schultern bestimmt war. Zu ihm sprach der Vater: »Auf diesen Kielen müssen wir das Vaterland aufsuchen, mit diesem Mittel dem Minos entfliehen. Nur die Luft konnte Minos nicht versperren, alles übrige hat er verschlossen. Dringe mit Hilfe meiner Erfindung durch die Luft, denn das darfst du. Aber du wirst nicht die tegeäische Jungfrau und den Begleiter des Bootes, den schwerttragenden Orion, anschauen dürfen: Folge mir auf den Federn, die ich dir gebe; ich werde vorausfliegen; deine Sorge sei es, zu folgen, unter meiner Führung wirst du sicher sein. Denn wenn wir in der Nachbarschaft der Sonne durch die ätherischen Lüfte fliegen, wird das Wachs die Hitze nicht aushalten, und wenn wir andererseits tief unten nah an den Fluten die Flügel schlagen, so wird die bewegliche Feder vom Wasser des Meeres feucht werden. Halte dich auf deinem Flug in der Mitte; und fürchte, mein Sohn, auch die Winde, und in welcher Richtung der Luftstrom dich trägt, richte die Segel danach.« Während der Ermahnung paßt er dem Knaben das Werk an und zeigt, wie es sich bewegen läßt, gleich wie die Vogelmutter ihre noch schwachen Jungen belehrt. Dann legt er die Flügel, die er für sich hergestellt hat, sich an die Schultern an und hält seinen Körper vorsichtig auf der neuen Bahn im Gleichgewicht; und im Augenblick vor dem Abflug gab er dem kleinen Sohn einen Kuß, und die väterlichen Wangen blieben nicht ohne Tränen. Es gab einen Hügel, kleiner als ein Berg, aber höher als das ebene Feld; von hier aus stürzten sich die beiden in die unheilvolle Flucht. Dädalus bewegt selbst seine Flügel und schaut zurück auf die des Sohnes und zügelt unentwegt seinen Lauf. Und schon macht die neuartige Fortbewe-

iamque novum delectat iter, positoque timore
  Icarus audaci fortius arte volat.
(hos aliquis, tremula dum captat harundine pisces
  vidit, et inceptum dextra reliquit opus.)
iam Samos a laeva (fuerant Naxosque relictae
  et Paros et Clario Delos amata deo),
dextra Lebinthos erat silvisque umbrosa Calymne
  cinctaque piscosis Astypalaea vadis,
cum puer incautis nimium temerarius annis
  altius egit iter deseruitque patrem.
vincla labant et cera deo propiore liquescit,
  nec tenues ventos bracchia mota tenent.
territus a summo despexit in aequora caelo;
  nox oculis pavido venit oborta metu.
tabuerant cerae; nudos quatit ille lacertos,
  et trepidat nec, quo sustineatur, habet.
decidit atque cadens »pater o pater, auferor« inquit;
  clauserunt virides ora loquentis aquae.
at pater infelix, nec iam pater, »Icare« clamat,
  »Icare,« clamat »ubi es, quoque sub axe volas?
Icare« clamabat; pinnas aspexit in undis.
  ossa tegit tellus, aequora nomen habent.
non potuit Minos hominis conpescere pinnas,
  ipse deum volucrem detinuisse paro.

(um 1 v. Chr.)

gung Freude, Ikarus hat keine Angst mehr und fliegt mutiger, denn sein Können läßt ihn kühn werden. Einer erblickte sie, während er mit schwankender Rute Fische fing, und mitten im Fischen fiel ihm das Gerät aus der Hand. Schon war Samos zur Linken, Naxos lag längst im Rücken, und Paros und Delos, das der Clarische Gott liebt; rechts lag Lebinthos, das von Wäldern beschattete Calymne, und Astypalaea, umgürtet von Fischgründen, – als der Knabe in jugendlichem Leichtsinn allzu mutwillig seinen Weg höher nahm und den Vater verließ. Die Fesseln lockern sich; da der Sonnengott näher ist, wird das Wachs flüssig, und die Armbewegungen erhaschen nicht mehr den flüchtigen Wind. Erschrocken blickte er von der Höhe des Himmels hinab auf die Meeresfläche. Da kam vor lähmender Furcht die Nacht und senkte sich über die Augen nieder. Das Wachs war geschmolzen; er schüttelt die bloßen Arme, zappelt und hat nichts, worauf er sich stützen kann. Er fällt, und im Fallen ruft er: »Vater, Vater, ich stürze.« Es schlossen die grünen Wasser den Mund, während er noch sprach. Aber der unglückliche Vater, kein Vater mehr, ruft: »Ikarus«; »Ikarus«, ruft er, »wo bist du, und unter welchem Himmelsstrich fliegst du?« »Ikarus« rief er noch – da erblickte er die Federn im Wasser. Sein Gebein deckt Erde; das Meer trägt seinen Namen. Minos vermochte es nicht, die Flügel eines Menschen zu zügeln; ich schicke mich an, einen geflügelten Gott festzuhalten!

OVID

Metamorphoses

Liber VIII 152–259

Vota Iovi Minos taurorum corpora centum
solvit, ut egressus ratibus Curetida terram
contigit; et spoliis decorata est regia fixis.
  Creverat opprobrium generis, foedumque patebat
matris adulterium monstri novitate biformis.
destinat hunc Minos thalamo removere pudorem
multiplicique domo caecisque includere tectis.
Daedalus ingenio fabrae celeberrimus artis
ponit opus turbatque notas et lumina flexu
ducit in errorem variarum ambage viarum.
non secus ac liquidis Phrygius Maeandrus in undis
ludit et ambiguo lapsu refluitque fluitque
occurrensque sibi venturas aspicit undas
et nunc ad fontes, nunc ad mare versus apertum
incertas exercet aquas: ita Daedalus implet
innumeras errore vias; vixque ipse reverti
ad limen potuit, tanta est fallacia tecti.
  Quo postquam geminam tauri iuvenisque figuram
clausit et Actaeo bis pastum sanguine monstrum
tertia sors annis domuit repetita novenis,
utque ope virginea nullis iterata priorum
ianua difficilis filo est inventa relecto,
protinus Aegides rapta Minoide Diam
vela dedit, comitemque suam crudelis in illo

Verwandlungen

Achtes Buch, Vers 152–259

Minos löste sein Gelübde bei Jupiter ein – ein Opfer von hundert Stieren –, sobald er von Bord gegangen war und das Land der Cureten betreten hatte, und die Königsburg wurde mit aufgehängten Beutewaffen geschmückt.

Herangewachsen war der Schandfleck des Geschlechtes, und der abscheuliche Ehebruch der Mutter lag durch die noch nie dagewesene Doppelgestalt des Ungeheuers zutage; Minos beschließt, diese Schande aus seinem Ehegemach zu entfernen und in einem weitläufigen Hause, in dem man sich nicht zurechtfinden kann, einzuschließen. Dädalus, hochberühmt durch seinen Erfindergeist in der Handwerkskunst, erstellt das Werk, verwirrt die Erkennungszeichen und führt die abgelenkten Augen durch die rätselhafte Vielfalt der Wege in die Irre. Nicht anders als der phrygische Mäander in den klaren Wogen spielt und in schwankendem Gleiten rückwärts und vorwärts fließt und sich selbst begegnend die Wellen sieht, die kommen werden, und bald zu den Quellen, bald zum offenen Meer hin seine richtungslosen Fluten treibt, – so füllt Dädalus zahllose Wege mit Irrsal; kaum konnte er selbst zur Schwelle zurückkehren: So trügerisch ist das Bauwerk!

Dort hatte er die Doppelgestalt aus Stier und Mensch eingeschlossen, und schon zweimal hatte der Unhold sich an Athenerblut gesättigt; erst die dritte, durch Los bestimmte Mannschaft brachte ihm nach weiteren neun Jahren den Tod. Und sobald mit Hilfe der Jungfrau das schwer erreichbare Tor, das noch keiner zum zweiten Male durchschritten hatte, durch Zurückwickeln des Fadens gefunden war, entführte Aegeus' Sohn die Tochter des Minos, segelte alsbald nach Dia und ließ seine Reisegefährtin grausam dort am Strand allein. Der Verlassenen

litore destituit. desertae et multa querenti
amplexus et opem Liber tulit, utque perenni
sidere clara foret, sumptam de fronte coronam
immisit caelo. tenues volat illa per auras,
dumque volat, gemmae nitidos vertuntur in ignes
consistuntque loco, specie remanente coronae,
qui medius Nixique genu est Anguemque tenentis.

Daedalus interea Creten longumque perosus
exilium, tactusque loci natalis amore,
clausus erat pelago. »terras licet« inquit »et undas
obstruat, at caelum certe patet; ibimus illac:
omnia possideat, non possidet aera Minos.«

Dixit, et ignotas animum dimittit in artes
naturamque novat. nam ponit in ordine pennas
ut clivo crevisse putes. sic rustica quondam
fistula disparibus paulatim surgit avenis.
tum lino medias et ceris alligat imas
atque ita compositas parvo curvamine flectit
ut veras imitetur aves. puer Icarus una
stabat et, ignarus sua se tractare pericla,
ore renidenti modo quas vaga moverat aura
captabat plumas, flavam modo pollice ceram
mollibat, lusuque suo mirabile patris
impediebat opus. postquam manus ultima coepto
imposita est, geminas opifex libravit in alas
ipse suum corpus, motaque pependit in aura.

Instruit et natum, »medio« que »ut limite curras,
Icare,« ait »moneo, ne, si demissior ibis,
unda gravet pennas, si celsior, ignis adurat.
inter utrumque vola! nec te spectare Booten

und endlos Klagenden brachte Bacchus Umarmung und Erlösung. Und damit sie in fortdauerndem Sternenglanz ruhmreich erstrahle, nahm er ihr die Krone von der Stirn und warf sie gen Himmel. Sie fliegt durch die leichten Lüfte, und im Fluge verwandeln sich die Edelsteine in glänzende Feuer und bleiben an dem Ort stehen, der mitten zwischen dem Knienden und dem Schlangenträger liegt; die Gestalt der Krone blieb erhalten.

Dädalus war inzwischen Kretas und der langen Verbannung überdrüssig, und die Liebe zur Heimat rührte ihn an; doch war er vom Meer umschlossen. »Mag Minos Land und Wasser«, sprach er, »versperren, so steht doch gewiß der Himmel offen; wir werden diesen Weg nehmen. Mag er auch alles besitzen, die Luft besitzt Minos nicht.«

Sprach's und entsendet seinen Geist in das Reich unbekannter Künste und schafft eine neue Natur. Denn er legt der Reihe nach Federn, so daß man meinen könnte, sie seien am Berghang gewachsen; so wird etwa die ländliche Hirtenflöte von Pfeife zu Pfeife allmählich immer länger. Dann bindet er sie in der Mitte mit Leinen und ganz unten mit Wachs, und nachdem sie so zusammengefügt sind, verleiht er ihnen eine leichte Krümmung nach dem Vorbild der wirklichen Vögel. Der Knabe Ikarus stand dabei, und ohne zu wissen, daß er mit Dingen spielte, die ihm Gefahr bringen sollten, haschte er bald mit strahlendem Gesicht nach den Flaumfedern, die ein Luftzug bewegt hatte, bald knetete er mit dem Daumen das gelbe Wachs und behinderte durch sein Spiel das wunderbare Werk des Vaters. Nachdem letzte Hand angelegt war, schwang der Meister sich selbst in das Flügelpaar und schwebte in der Luft, die er bewegte.

Er belehrt auch den Sohn und sagt: »Daß du die mittlere Bahn einhältst, Ikarus, ermahne ich dich, damit nicht, wenn du tiefer fliegst, das Wasser die Flügel schwer macht, und wenn du höher steigst, das Feuer daran zehrt. Halte dich in der Mitte! Und ich heiße dich nicht den Bootes oder die Helike und das gezückte Schwert des Orion

aut Helicen iubeo strictumque Orionis ensem:
me duce carpe viam!« pariter praecepta volandi
tradit et ignotas umeris accommodat alas.
inter opus monitusque genae maduere seniles,
et patriae tremuere manus. dedit oscula nato
non iterum repetenda suo, pennisque levatus
ante volat comitique timet, velut ales, ab alto
quae teneram prolem produxit in aera nido,
hortaturque sequi, damnosasque erudit artes,
et movet ipse suas et nati respicit alas.
hos aliquis tremula dum captat harundine pisces,
aut pastor baculo stivave innixus arator
vidit et obstipuit, quique aethera carpere possent
credidit esse deos. et iam Iunonia laeva
parte Samos (fuerant Delosque Parosque relictae),
dextra Lebinthos erat fecundaque melle Calymne,
cum puer audaci coepit gaudere volatu
deseruitque ducem, caelique cupidine tactus
altius egit iter. rapidi vicinia solis
mollit odoratas, pennarum vincula, ceras:
tabuerant cerae; nudos quatit ille lacertos
remigioque carens non ullas percipit auras,
oraque caerulea patrium clamantia nomen
excipiuntur aqua, quae nomen traxit ab illo.
 At pater infelix, nec iam pater, »Icare,« dixit,
»Icare,« dixit »ubi es? qua te regione requiram?«
»Icare« dicebat: pennas aspexit in undis,
devovitque suas artes, corpusque sepulcro
condidit, et tellus a nomine dicta sepulti.
 Hunc miseri tumulo ponentem corpora nati
garrula ramosa prospexit ab ilice perdix
et plausit pennis testataque gaudia cantu est,

anschauen: Von mir laß dich führen, wenn du deinen Weg nimmst.« Zugleich gibt er ihm Belehrungen für den Flug und paßt den Schultern die ungewohnten Flügel an. Während der Arbeit und der Ermahnungen wurden die Greisenwangen feucht und die Vaterhände zitterten; er gab dem Sohn einen Kuß, den er nie wiederholen sollte. Und von den Federn emporgetragen fliegt er voraus und fürchtet für den Reisegefährten wie ein Vogel, der vom hohen Nest seine zarte Brut in die Luft hinausgeführt hat, ermuntert ihn zu folgen und lehrt ihn die unheilvollen Künste. Er bewegt selbst seine Flügel und schaut zurück auf die des Sohnes. Die beiden sah jemand, während er mit schwankender Angelrute Fische fing, oder ein Hirte, der sich auf den Stab, oder ein Ackersmann, der sich auf den Pflugsterz stützte: Er sah sie, staunte und war überzeugt: »Das sind Götter, denn sie können durch den Äther ziehen.« Und schon lag Junos Insel Samos zur Linken – weit hatten sie Delos und Paros hinter sich gelassen –, rechts war Lebinthos und das honigreiche Kalymne, als der Knabe plötzlich begann, sich des kühnen Fluges zu freuen, seinen Führer verließ und in heißer Begierde nach dem Himmel eine höhere Bahn einschlug. Die Nähe der verzehrenden Sonne macht das duftende Wachs, die Fesseln der Federn, weich. Geschmolzen war das Wachs; er schüttelt die entblößten Arme und ohne sein Ruderwerk bekommt er keine Lüfte mehr zu fassen, und der Mund, der »Vater!« ruft, wird von dem blauen Wasser verschlungen, das nach Ikarus benannt wurde.

Aber der unselige Vater, kein Vater mehr, sprach: »Ikarus!«, »Ikarus«, sprach er, »wo bist du? In welcher Richtung soll ich dich suchen? Ikarus!« sagte er noch; da erblickte er die Federn in den Wellen, verfluchte seine Künste und barg den Leichnam in einem Grabe. Und das Land wurde nach dem Bestatteten benannt.

Während er den Leib seines unglücklichen Sohnes ins Grab legte, erblickte ihn von der vielverzweigten Eiche aus ein geschwätziges Rebhuhn, schlug mit den Flügeln und stieß Freudenlaute aus. Es war damals der einzige Vo-

unica tunc volucris nec visa prioribus annis,
factaque nuper avis, longum tibi, Daedale, crimen.
namque huic tradiderat, fatorum ignara, docendam
progeniem germana suam, natalibus actis
bis puerum senis animi ad praecepta capacis.
ille etiam medio spinas in pisce notatas
traxit in exemplum ferroque incidit acuto
perpetuos dentes et serrae repperit usum.
primus et ex uno duo ferrea bracchia nodo
vinxit ut, aequali spatio distantibus illis,
altera pars staret, pars altera duceret orbem.
Daedalus invidit, sacraque ex arce Minervae
praecipitem misit, lapsum mentitus; at illum
quae favet ingeniis excepit Pallas, avemque
reddidit et medio velavit in aere pennis.
sed vigor ingenii quondam velocis in alas
inque pedes abiit; nomen quod et ante remansit.
non tamen haec alte volucris sua corpora tollit,
nec facit in ramis altoque cacumine nidos:
propter humum volitat, ponitque in saepibus ova,
antiquique memor metuit sublimia casus.

(1 v./10 n. Chr.)

gel seiner Art, wie man ihn in früheren Jahren nie gesehen hatte. Erst kürzlich war es zum Vogel geworden, für dich, Dädalus, ein dauernder Vorwurf. Denn ihm hatte, ohne vom Schicksal etwas zu wissen, die Schwester ihren Sohn in die Lehre gegeben; er war zwölf Jahre alt, sehr gelehrig und hatte eine besondere Auffassungsgabe. Auch beobachtete er im Inneren des Fisches das Rückgrat, nahm es zum Vorbild, schnitt in ein scharfes Eisen fortlaufende Zähne und erfand so den Gebrauch der Säge. Er auch verband als erster zwei eiserne Arme in einem Knotenpunkt, so daß bei gleichmäßigem Abstand der eine Teil stillstand, der andere einen Kreis beschrieb. Dädalus wurde von Neid ergriffen, stürzte ihn von der heiligen Höhe der Minerva kopfüber hinab und log, er sei ausgeglitten; den aber fing die Gönnerin der Begabten, Pallas, auf, machte ihn zum Vogel und hüllte ihn mitten in der Luft in ein Federkleid. Aber die Kraft seines einst so flinken Geistes ging in die Flügel und Füße ein; der Name blieb der alte. Freilich erhebt sich dieser Vogel nicht hoch und baut sein Nest nicht auf Zweigen oben im Wipfel; nah am Boden fliegt er, legt seine Eier in Hecken und eingedenk seines einstigen Sturzes fürchtet er die Höhen.

APOLLODOR

Chronik

Zweites Buch, 132

Er [Herakles] landete auf der Insel Doliche, und als er dort den Leichnam des Ikaros, am Strand angetrieben, erblickte, bestattete er ihn und gab der Insel statt Doliche den Namen Ikaria. Dafür schuf ihm Daidalos in Pisa ein Denkmal, das täuschend ähnlich war. Herakles selbst erkannte es nicht – es war in einer Nacht –, und in der Meinung, einen Lebenden vor sich zu haben, zerstörte er es mit einem Steinwurf.

Drittes Buch, 9–11

Poseidon aber zürnte ihm [Minos], daß er den Stier nicht geopfert hatte, machte diesen wild und brachte es dahin, daß Pasiphaë in Begierde zu ihm entbrannte. In ihrem Liebesverlangen nach dem Stier gewann sie einen Helfer an Daidalos, der sich auf Bildarbeit verstand und wegen eines Totschlags aus Athen hatte fliehen müssen. Dieser schuf eine Kuh aus Holz, die sich auf Rädern bewegte, innen hohl, und bekleidete sie mit der Haut, die er einer Kuh abzog, dann brachte er sie auf den Anger, auf dem der Stier gewöhnlich weidete, und versteckte darin Pasiphaë. Der Stier kam und besprang sie wie eine wirkliche Kuh. Sie gebar den Asterios oder Minotauros, wie er genannt wurde, der das Gesicht eines Stieres hatte, sonst aber ganz wie ein Mensch gebildet war. Gewisse Orakelsprüche veranlaßten Minos, ihn im Labyrinth einzuschließen und zu bewachen. Das Labyrinth, das Daidalos geschaffen hatte, war ein Bau, der mit seinen vielfach gewundenen Gängen im Ausgang irremachte.

Drittes Buch, 214

Minos legte ihnen [den Athenern] auf, sieben Jünglinge und ebensoviele Jungfrauen ohne Waffen dem Minotauros zum Fraß zu schicken. Dieser war im Labyrinth eingeschlossen, aus dem keiner, der es betrat, wieder herauskommen konnte, da durch vielfach verschlungene Windungen der unbekannte Ausgang versperrt war. Daidalos hatte es errichtet, der Sohn des Eupalamos und Enkel des Metion und der Alkippe, ein hervorragender Baumeister, der erste Erfinder von Bildwerken. Er war aus Athen geflohen, nachdem er den Sohn seiner Schwester Perdix, seinen Schüler Talos, von der Burg herabgestürzt hatte aus Angst, er möchte ihn bei seiner glänzenden Veranlagung überflügeln. Hatte er doch mit dem Kinnbacken einer Schlange, den er gefunden hatte, Holz fein gesägt. Als der Leichnam entdeckt wurde, wurde Daidalos vor die Richter auf dem Areshügel gestellt und verurteilt, worauf er zu Minos floh.

(Mitte 2. Jh. v. Chr.)

APOLLODOR

Epitome

Erstes Buch, 12–14

Als Minos die Flucht des Theseus und seiner Gefährten erfuhr, schloß er Daidalos als den Schuldigen im Labyrinth ein, zusammen mit seinem Sohn Ikaros, den ihm eine Sklavin des Minos, Naukrate, geboren hatte. Daidalos aber verfertigte für sich und seinen Sohn Flügel und gab diesem beim Aufstieg den Rat, den Flug nicht zu hoch zu nehmen, damit nicht der Leim durch die Sonne weich werde und die Flügel sich lösten, aber auch nicht zu nahe über dem Meer, damit nicht die Feuchtigkeit sie unbrauchbar mache. Ikaros achtete nicht auf den väterlichen Rat und ließ sich verleiten, hoch und immer höher zu steigen. Da löste sich der Leim, er stürzte ins Ikarische Meer – das nach ihm den Namen erhielt – und fand so den Tod. Daidalos dagegen landete wohlbehalten in Kamikos auf Sizilien. Minos verfolgte ihn und suchte ihn landauf, landab mit einem Schneckenhaus, indem er demjenigen eine reiche Belohnung zusicherte, der einen Leinenfaden durch das Schneckenhaus durchführte. Dadurch hoffte er Daidalos zu finden. So kam er denn auch zu Kokalos nach Kamikos in Sizilien, bei dem sich Daidalos versteckt hielt, und zeigte ihm das Schneckenhaus. Der nahm es und machte sich anheischig, den Faden durchzuführen, worauf er es Daidalos gab. Dieser band den Faden an eine Ameise und ließ sie durchkriechen, nachdem er das Gehäuse durchlöchert hatte. Als Minos den Faden durchgeführt zurückbekam, wußte er, daß Daidalos im Hause weilte, und forderte gleich seine Auslieferung. Unter der Zusage, dieser Forderung nachzukommen, nahm Kokalos zunächst den Minos gastlich auf. Beim Baden wurde er dann aber von den Töchtern des Gastgebers umgebracht, indem sie ihn mit siedendem Pech übergossen. Nach andern fand er den Tod durch kochendes Wasser.

(Mitte 2. Jh. v. Chr.)

DIODOR

Historische Bibliothek

Viertes Buch, 77, 5–9

Als Daidalos – so erzählt man – davon hörte, daß Minos wegen der Anfertigung der Kuh Drohungen ausgestoßen habe, fürchtete er den Zorn des Königs und verließ Kreta zu Schiff. Dabei half ihm Pasiphaë und stellte ihm für seine Flucht ein Fahrzeug zur Verfügung. Mit ihm zusammen floh auch, wie es heißt, sein Sohn Ikaros und sie gelangten zu einer im offenen Meer gelegenen Insel. Als Ikaros unvorsichtig landen wollte, stürzte er ins Meer und fand dabei den Tod. Deshalb bekam das Meer den Namen das Ikarische und die Insel die Bezeichnung Ikaria. Daidalos aber fuhr wieder von dieser Insel ab und landete in einem Gebiet Siziliens, über das Kokalos als König herrschte. Der nahm Daidalos freundlich auf und machte ihn wegen seiner Begabung und seines Ansehens zu seinem engen Freund.

Bei gewissen Mythographen findet sich auch folgende Geschichte: Minos wollte sich, während Daidalos noch auf Kreta weilte und von Pasiphaë versteckt gehalten wurde, an diesem rächen und ließ daher, weil er ihn nicht finden konnte, alle Fahrzeuge auf der Insel durchsuchen und versprach dem, der Daidalos aufspüre, eine Menge Geld als Belohnung. Da gab Daidalos die Hoffnung auf, mit einem Schiff zu entkommen und stellte – niemand hatte damit gerechnet – kunstvoll angelegte und wunderbar mit Wachs verbundene Schwingen her; diese befestigte er am Körper seines Sohnes wie auch am eigenen, breitete sie zum allgemeinen Erstaunen aus und entkam so über das der Insel Kreta nahe gelegene Meer. Ikaros nahm in seiner jugendlichen Unwissenheit den Flug allzu hoch und stürzte, da die Sonne das Wachs, das die Flügel zusammenhielt, zerschmolz, ins Meer, während Daidalos selbst dicht über dem Meere schwebte, immer wieder die

Schwingen netzte und sich so – kaum zu glauben – glücklich nach Sizilien rettete. Was all diese Dinge betrifft, so mag es wohl eine seltsame Geschichte sein, ich wollte sie aber doch nicht mit Stillschweigen übergehen.

(Mitte 1. Jh. v. Chr.)

HYGINUS

Fabula XXXIX: Daedalus

Daedalus Eupalami filius, qui fabricam a Minerva dicitur accepisse, Perdicem sororis suae filium propter artificii invidiam, quod is primum serram invenerat, summo tecto deiecit. ob id scelus in exsilium ab Athenis Cretam ad regem Minoem abiit.

Fabula XL: Pasiphae

Pasiphae Solis filia uxor Minois sacra deae Veneris per aliquot annos non fecerat. ob id Venus amorem infandum illi obiecit, ut taurum quem ipsa amabat alia amaret. in hoc Daedalus exsul cum venisset, petiit ab ea auxilium. is ei vaccam ligneam fecit et verae vaccae corium induxit, in qua illa cum tauro concubuit; ex quo compressu Minotaurum peperit capite bubulo parte inferiore humana. tunc Daedalus Minotauro labyrinthum inextricabili exitu fecit, in quo est conclusus. Minos re cognita Daedalum in custodiam coniecit, at Pasiphae eum vinculis liberavit; itaque Daedalus pennas sibi et Icaro filio suo fecit et accommodavit, et inde avolarunt. Icarus altius volans, a sole cera calefacta, decidit in mare quod ex eo Icarium pelagus est appellatum. Daedalus pervolavit ad regem Cocalum in insulam Siciliam. alii dicunt: Theseus cum Minotaurum occidit, Daedalum Athenas in patriam suam reduxit.

(2. Jh. n. Chr.)

Fabel 39: Daidalos

Daidalos, des Eupalamos Sohn, der die Kunstfertigkeit von Athene bekommen haben soll, stürzte den Sohn seiner Schwester, Perdix, aus Neid auf seine Geschicklichkeit – er hatte die Säge erfunden – vom Dachfirst herunter. Wegen dieses Verbrechens mußte er von Athen zu König Minos nach Kreta in die Verbannung gehen.

Fabel 40: Pasiphaë

Pasiphaë, die Tochter des Helios und Gattin des Minos, hatte einige Jahre lang der Göttin Aphrodite nicht die ihr zustehenden Opfer dargebracht. Aus diesem Grunde flößte ihr Aphrodite sündhafte Liebe ein: sie verliebte sich in einen Stier. Da um diese Zeit Daidalos als Verbannter kam, bat sie ihn um Hilfe. Er verfertigte für sie eine Kuh aus Holz und überzog sie mit der Haut einer wirklichen Kuh. Unter dieser Hülle vereinigte sie sich mit dem Stier; aus der Verbindung gebar sie den Minotauros, mit Stierkopf, darunter Mensch. Darauf erbaute Daidalos für den Minotauros das Labyrinth mit unauffindbarem Ausgang, in dem er eingeschlossen wurde. Als Minos die Sache erfuhr, warf er Daidalos in Gewahrsam, doch befreite ihn Pasiphaë von seinen Fesseln; so konnte er für sich und seinen Sohn Ikaros Flügel verfertigen und anpassen, worauf sie davonflogen. Ikaros flog zu hoch, und da das Wachs von der Sonne sich erwärmte, stürzte er ins Meer, das nach ihm das Ikarische genannt wurde. Daidalos gelangte auf seinem Flug zu dem König Kokalos nach Sizilien. Andre sagen: als Theseus den Minotauros tötete, führte er den Daidalos in seine Vaterstadt Athen zurück.

PAUSANIAS

Beschreibung Griechenlands

Neuntes Buch, 11, 4–6

Hier [in Theben] ist auch ein Herakleion mit einem Kultbild aus Marmor, Promachos (»Vorkämpferin«) genannt, einem Werk der Thebaner Xenokritos und Eubios. Das alte Holzbild sei ein Werk des Daidalos, haben die Thebaner gemeint, und es kam mir auch so vor. Dieses weihte, wie erzählt wird, Daidalos selbst zum Dank für eine Wohltat. Als er nämlich aus Kreta floh, baute er für sich und seinen Sohn Ikaros nicht große Schiffe und brachte auf den Schiffen auch Masten an, was die damaligen Menschen noch nicht erfunden hatten, damit sie der Ruderflotte des Minos mit günstigem Wind entkommen könnten. Da rettete sich Daidalos selbst, aber das Schiff des Ikaros, der weniger gut zu steuern verstand, sei gekentert, so erzählt man, und die Flut trieb ihn an die damals noch namenlose Insel über Samos. Herakles kam dahin, erkannte den Leichnam und begrub ihn dort, wo sich noch jetzt für ihn ein mäßig großer Hügel befindet, auf einem ins Aigaiische Meer vorspringenden Vorgebirge. Von diesem Ikaros erhielt die Insel den Namen und das Meer um sie.

(160/180 n. Chr.)

Kamee/Sardonyx. Kaiserzeit.

VERGIL

Aeneis

Liber VI 14–33

Daedalus, ut fama est, fugiens Minoïa regna,
praepetibus pennis ausus se credere caelo,
insuetum per iter gelidas enavit ad arctos
Chalcidicaque levis tandem super adstitit arce.
redditus his primum terris tibi, Phoebe, sacravit
remigium alarum posuitque inmania templa.
in foribus letum Androgeo, tum pendere poenas
Cecropidae iussi – miserum – septena quotannis
corpora natorum; stat ductis sortibus urna;
contra elata mari respondet Gnosia tellus:
hic crudelis amor tauri suppostaque furto
Pasiphaë mixtumque genus prolesque biformis
Minotaurus inest, Veneris monumenta nefandae.
hic labor ille domus et inextricabilis error;
magnum reginae sed enim miseratus amorem
Daedalus ipse dolos tecti ambagesque resolvit,
caeca regens filo vestigia. tu quoque magnam
partem opere in tanto, sineret dolor, Icare, haberes.
bis conatus erat casus effingere in auro,
bis patriae cecidere manus.

(30/20 v. Chr.)

Aeneis

Sechstes Buch, Vers 14–33

Dädalus wagte, – so weiß es die Sage – fliehend aus Minos'
Reich, breitschwingenden Fittichs sich anzuvertrauen
dem Himmel,
ruderte hoch auf fremder Bahn zu den eisigen Bären,
auf der chalkidischen Burg glitt leicht er endlich
hernieder.
Kaum hier wiedergeschenkt der Erde, weihte er,
Phoebus,
dir das Ruder der Flügel und baute den riesigen Tempel:
bildete auf dem Portal den Tod des Androgeos und die
Buße der Kekropssöhne, o Jammer, Jahr über Jahr je
sieben Kinder! Das Los ist gefallen; stumm droht die Urne.
Hoch im Gegenbild ragt aus dem Meer das Inselreich
Kreta:
grausige Brunst zum Stier, Pasiphaë, die sich verstohlen
ihm unterschob, und das Zwittergeschlecht, halb Tier und
halb Mensch, der
Minotaurus ist hier, ein Mahnmal ruchloser Wollust.
Hier jene Mühsal des Hauses, der unentwirrbare Irrgang;
doch der Königstochter ergreifende Liebe bedauernd,
löste Dädalus selbst des Hauses tückischen Wirrwarr,
wies blindtastende Spuren am Faden. Ikarus, du auch
stündest in solch einem Werk; doch Herzweh lähmte den
Bildner:
zweimal setzte er an, den Sturz zu gestalten im Golde,
zweimal sank dem Vater die Hand.

HORAZ

Carmina

Liber II 20

Non usitata nec tenui ferar
pinna biformis per liquidum aethera
  vates neque in terris morabor
    longius invidiaque maior

urbis relinquam. non ego, pauperum
sanguis parentum, non ego, quem vocas,
  dilecte Maecenas, obibo
    nec Stygia cohibebor unda.

iam iam residunt cruribus asperae
pelles et album mutor in alitem
  superne nascunturque leves
    per digitos umerosque plumae.

iam Daedaleo notior Icaro
visam gementis litora Bosphori
  Syrtisque Gaetulas canorus
    ales Hyperboreosque campos;

me Colchus et qui dissimulat metum
Marsae cohortis Dacus et ultimi
  noscent Geloni, me peritus
    discet Hiber Rhodanique potor.

absint inani funere neniae
luctusque turpes et querimoniae;
  conpesce clamorem ac sepulcri
    mitte supervacuos honores.

Oden

Zweites Buch, 20

Mit wunderbarem, mächtigem
Fittich werd' ich, der Dichter, umwandelt den reinen
Äther
durchfliegen, werde nicht länger auf der Erde verweilen;
über den Neid erhaben,

werd' ich die Städte verlassen. Nein! ich armer Eltern
Blut, ich, den du als Freund begrüßest,
geliebter Mäcenas, ich werde nicht sterben,
mich werden die Stygischen Fluten nimmer
umschließen.

Allmählich setzt sich rauhe Haut an die Schenkel,
ich verwandele mich von oben herab in einen Schwan,
und weiche Federn sprossen
an Fingern und Schultern hervor.

Bald werd' ich, bekannter als Dädals Sohn Ikarus
den Strand des seufzenden Bosporus
und die Gätulischen Syrten,
die Hyperboreischen Gefilde sehen, ein melodischer
Schwan.

Der Colchier lernt dann mich kennen und der Dacier,
welcher die Furcht vor den Marsischen Scharen verbirgt,
und der fernste Gelone; mich liest dann der weise
Iberier und der Rhonetrinker.

Fern sei vom leeren Leichengepränge Geseufze
und entstellende Trauer und Wimmern.
Hemme dein Klagen! Verstatte
eitlen Prunk beim Begräbnisse nicht.

Liber IV 2, 1–4

Pindarum quisquis studet aemulari,
Iulle, ceratis ope Daedalea
nititur pinnis, vitreo daturus
  nomina ponto.

(33/17 v. Chr.)

OVID

Tristia

Liber I 1, 87–90

Ergo cave, liber, et timida circumspice mente,
  ut satis a media sit tibi plebe legi.
dum petit infirmis nimium sublimia pennis
  Icarus, aequoreis nomina fecit aquis.

(8/12 n. Chr.)

Viertes Buch, 2, Vers 1–4

Wer Pindarn nachzueifern strebt,
Iullus, den tragen Dädalus wächserne Schwingen,
der wird dem kristallnen Meere
Namen geben.

Gedichte der Trübsal

Erstes Buch, 1, Vers 87–90

Sei deshalb auf der Hut, mein Buch, und schau dich ängstlich um;
dir sei es genug, vom einfachen Volk gelesen zu werden.
Als Ikaros mit seinen schwachen Schwingen zu hoch hinaus wollte,
gab er einem Meer den Namen.

II

Sünder, Held, Liebender. Ikarus in Renaissance und Barock

Umschrift des Tondo:

Scire dei munus, divinum est noscere velle,
  Sed fas limitibus se tenuisse suis.
Dum sibi quisque sapit, nec iusti examina cernit,
  Icarus Icariis nomina donat aquis.

Wissen ist ein göttliches Geschenk, und göttlich ist der Wissensdrang, doch gilt das Gebot, die eigenen Grenzen nicht zu übertreten. Wer nur für sich selbst denkt, ohne es einer rechten Prüfung zu unterziehen, schenkt – als ein Ikarus – Ikarischen Gewässern seinen Namen.

Hendrik Goltzius: Ikarus.
Kupferstich nach Cornelis van Haarlem. 1588.

FRANCIS BACON

Scylla and Icarus, or the Middle-way

Auszug

Mediocrity or the *Middle-way* is most commended in morall actions, in contemplative sciences not so celebrated, though no lesse profitable and commodious: But in politicall imployments to be used with great heed and iudgement. The Ancients by the way prescribed to *Icarus*, noted the mediocrity of manners [...].

Icarus being to crosse the sea by flight, was commanded by his Father that hee should flie neither too high nor too lowe; for his wings being ioynd with waxe, if he should mount too high, it was to be feared lest the waxe, would melt by the heat of the Sunne; and If too lowe, least the mistie vapours of the Sea would make it lesse tenacious: But he in a youthfull iollitie soaring too high, fell downe headlong and perished in the water.

The parable is easie and vulgar: for the way of vertue lies in a direct path betweene excesse and defect. Neither is it a wonder that *Icarus* perished by Excesse, seeing that Excesse, for the most part, is the peculiar fault of youth, as Defect is of age, and yet of too evill and hurtfull waies, youth commonly makes choise of the better, defect being alwaies accounted worst: for whereas excesse containes some sparkes of magnanimitie & like a bird claimes kindred of the Heavens, defect onely like a base worme crawles upon the earth. Excellently therefore said *Heraclitus, Lumen siccum, optima anima*. A drie light is the best soule: for if the soule contract moisture from the earth it becomes degenerate altogether. Againe on the other side, there must be moderation used, that this light be subtilized by this laudable siccity, and not destroyed by too much fervency. And thus much every man, for the most part, knowes.

(1609/1619)

Skylla und Ikarus oder der Mittelweg

Das Mittelmaß oder der Mittelweg ist in der Sittenlehre viel gepriesen worden, weniger dagegen in den Wissenschaften, wenngleich es hier nicht weniger gut und nützlich ist. In der Politik dagegen muß es mit großer Aufmerksamkeit und Urteilskraft gebraucht werden. Die Antike bezeichnete das Prinzip des Mittelmaßes in der Sittenlehre mit der dem Ikarus vorgeschriebenen Bahn durch die Lüfte [...].

Ikarus erhielt von seinem Vater den Befehl, beim Flug über das Meer weder zu hoch noch zu niedrig zu fliegen, denn da seine Flügel mit Wachs zusammengeklebt waren, bestand die Gefahr, daß das Wachs durch die Sonne schmelzen könnte, wenn er zu hoch aufstieg; wenn er aber zu niedrig flöge und dem feuchten Dunst des Meeres zu nahe käme, würden sie durch die Feuchtigkeit ihre Geschmeidigkeit verlieren. Ikarus jedoch schwang sich in jugendlichem Übermut zu weit hinauf und stürzte kopfüber hinab und starb in den Fluten.

Dieses Gleichnis ist einfach und wohlbekannt. Der Pfad der Tugend liegt gerade in der Mitte zwischen Überschwang und Mangel. Es ist kein Wunder, daß Ikarus dem Überschwang zum Opfer fiel, denn Überschwang ist die naturgegebene Sünde der Jugend, während der Mangel die des Alters ist. Freilich wählt die Jugend unter den beiden unheil- und schmerzvollen Wegen den besseren. Denn die Sünden des Mangels werden zu Recht für schlimmer gehalten als die Sünden des Überschwangs. Im Überschwang nämlich liegt etwas Erhabenes, etwas, das wie der Flug eines Vogels mit dem Himmel Verwandtschaft hält, während der Mangel wie ein Reptil auf dem Boden kriecht. Heraklit bemerkte daher trefflich: »Lumen siccum optima anima«, denn wenn die Seele Feuchtigkeit aus der Erde aufnimmt, so versinkt und verkümmert sie völlig. Doch auch hier muß Maß gehalten werden: Die zu Recht gepriesene Trockenheit muß so beschaffen sein, daß sie das Licht verfeinert, nicht jedoch so, daß sie Feuer fängt. Freilich ist dies allgemein bekannt.

GILLES CORROZET

Faire tout par moyen

Qui trop s'exalte, trop se prise,
Qui trop s'abbaisse, il se desprise:
Mais celluy, qui veult faire bien,
Il se gouverne par moyen.

(1540/43)

In allem Maß halten

Wer sich zu hoch aufschwingt, überschätzt sich, wer sich zu sehr erniedrigt, handelt würdelos; derjenige aber, der das Rechte tun will, hält sich in der Mitte.

JOHANN GEORG SCHOCH

Der übel-geflügelte Ikarus

Des Irrgangs Meister selbst der lag auch da gefangen /
Weil er und Ikarus / Ich weiß nicht was / begangen /
   Doch trawt er seiner Kunst / und als er Tag und Nacht
   Der alte Dedalus auff Mittel war bedacht /
Erkühnt er einmal sich / ihm Flügel anzukleben /
Mit den er und sein Sohn / sich aus dem Thurne heben /
   Darinnen sie versperrt / und fliegen in die Höh /
   Durchschneiden Wind und Lufft der Saltzgewellten See /
Der alte schwingt sich für / und gibt dem Sohne Regeln /
Er solte nicht zu hoch / auch nicht zu niedrig segeln /
   Doch als durch Hochmuth er / der Sonne nahe kömmt /
   Zerschmeltzt das Wachs / daß er die Strasse See-werths
      nimmt.

(1652)

ANDREAS ALCIATUS

In astrologos

Icare per superos qui raptus et aëra, donec
 In mare præcipitem cera liquata daret.
Nunc te cera eadem fervensque resuscitat ignis,
 Exemplo ut doceas dogmata certa tuo.
Astrologus caveat quicquam prædicere, præceps
 Nam cadet impostor dum super astra vehit.

(1531)

Wider die sternseher

Als Icarus seinn flug erschwang
Zu hoch, wider seins vaters ler,
Bald im durch das gwichst gfider drang
Die Sonn, und schlueg in inn das meer:
Daß gschicht wol zu bedencken wer
Eimm sternseher, das er seinn mund
In den himel setzt nit zu fer,
Zu hoch gestelt ist nimmer gsund.

(Anonyme Übersetzung, 1542)

FRANCESCO APOSTOLI

In Icari simulacrum

Icare, dum tendis præceps, temnisque parentem;
  Quid natis prosit, quid noceatve mones.

(um 1580)

Auf ein Bild des Ikarus

Ikarus, wenn du kopfüber strebst und den Vater mißachtest, dann lehrt dein Beispiel, was Kindern nützt und was ihnen schadet.

JOHANNES BISSELIUS

Icaria

Verspassage aus dem satirischen Reiseroman

Dum petit infirmîs nimiùm sublimia pennîs
  ICARVS, Icarias nomine signat Aquas.
Dum petit infidîs nimis alta Palatia Signîs
  Regulus, ICARIAM ex omine fecit Humum.

(1637)

Icaria

Als Ikarus mit schwachen Schwingen allzu hoch strebte, bezeichnete er das ikarische Meer mit seinem Namen. Als das Königlein [Friedrich V. von der Pfalz] mit treulosen Fähnlein nach allzu hohen Palästen strebte, machte er dem Vorbild gemäß die Gegend [Oberpfalz] zu Ikarien.

Abbildung rechte Seite:
Johannes Bisselius: Icaria. Ingolstadt 1637. Kupfertitel.
Stich von Wolfgang Kilian.

IOANNIS BISSELII,
E SOCIETATE IESV,
ICA-
RIA.
Ingolsta-
dij.
ANNO
1637.

MAGNUS DANIEL OMEIS

Dædalus

Dædalus soll ein Sternkündiger gewesen seyn / und in solcher Kunst seinen Sohn unterwiesen haben. Weil aber dieser Lehrling aus Vermeßenheit zu weit gehen wollen / ist er in das Meer der unendlichen Irrthume gefallen / und öffentlich zu Schanden worden. Also schreibet Lucianus in Libello de Astrologia; *Dædalum fuisse Mathematicum, & filium Icarum docuisse Astrologiam; sed eum juvenili fervore & persuasione doctrinæ elatum aberrasse a vero, & decidisse in mare rerum immensæ profunditatis.* Insonderheit sollen des Dædalus Flügel / die Schiff-Segel bedeuten / welche er soll erfunden haben: wie dann öffters die Segel des Schiffes Flügel genennet werden; als bei dem Virgilius: *Velorum pandimus alas.* Sagen daher andere: Icarus bedeute einen Schiffer / (oder unerfahrnen Einbilder) welcher mit einem kleinen Schiff und schwachen Segel weiter fahren und mehr leisten will / als Dædalus mit einem großen Schiffe; und leidet darüber Schiffbruch.

(1704)

JACOPO SANNAZARO

Icaro cadde qui: queste onde il sanno,
che in grembo accolser quelle audaci penne;
qui finí il corso, e qui il gran caso avvenne
che darà invidia agli altri che verranno.
Aventuroso e ben gradito affanno,
poi che, morendo, eterna fama ottenne!
Felice chi in tal fato a morte venne,
c'un sí bel pregio ricompensi il danno!
Ben pò di sua ruina contento,
se al ciel volando a guisa di colomba,
per troppo ardir fu esanimato e spento;
et or del nome suo tutto rimbomba
un mar sí spazïoso, uno elemento!
Chi ebbe al mondo mai sí larga tomba?

(1530)

Hier stürzte Ikarus: das wissen diese Wellen, die in ihrem Schoß jene kühnen Federn empfingen; hier endete der Lauf, und hier ereignete sich der große Sturz, der die andern mit Neid erfüllen wird, die noch kommen werden.

Seine Mühe wurde reich belohnt, im Tod erwarb er ewigen Ruhm! Glücklich, wem solcher Tod beschieden und solch schöner Lohn den Schaden ersetzt!

Wohl kann der mit seinem Untergang zufrieden sein, der einer Taube gleich in den Himmel flog und wegen zu großer Glut entkräftet starb.

Und nun hallt weit von seinem Namen ein so weites Meer wider, eine Naturgewalt: Wer hatte in der Welt jemals ein so großes Grab?

Del mio pensier, che cosí veggio audace,
timor freddo com'angue il cor m'assale;
di lino e cera egli s'ha fatto l'ale,
disposte a liquefarsi ad ogni face.
  E quelle, del desir fatto seguace,
spiega per l'aria e temerario sale,
e duolmi ch'a ragion poco ne cale
che devria ostarli e sel comporta e tace.
  Per gran vaghezza d'un celeste lume
temo non poggi sí, ch'arrivi in loco
dove s'incendia e torni senza piume.
  Seranno, oimè! le mie lacrime poco
per soccorrergli poi, quando né fiume
né tutto il mar potrà smorzar quel foco.

(vor 1533)

Im Sinn, der allzusehr zur Kühnheit neigt,
Die Ängste schlangengleich ans Herz mir gingen:
Er machte sich aus Hanf und Wachse Schwingen,
Die jedes Feuer bald geschmolzen zeigt.
  Er breitet sie gewaltig aus und steigt
Und sucht, dem Wunsch nach, in die Luft zu dringen
Gleichgültig bleibt Vernunft bei diesen Dingen,
Statt ihn zu hemmen – duldet es und schweigt.
  Er kommt in solche Höhen, fürcht' ich sehr,
Nach einem *Himmelslicht* drängt ja sein Sehnen –
Daß – federlos, verbrannt – er niederfällt.
  Und wenig Nutzen bringen meine Tränen;
Denn solche Gluten löscht ja nimmermehr
Ein Fluß – noch alle Meere dieser Welt.

(Übertragen von Alfons Kissner, 1922)

WILLIAM DRUMMOND OF HAWTHORNDEN

Icarus

Whilst with audacious Wings
I sprang those airie Wayes,
And fill'd (a Monster new) with Dread and Feares,
The feathred People, and their Eagle Kings:
Dazel'd with Phœbus Rayes,
And charmed with the Musicke of the Spheares,
When Pennes could move no more, and Force did faile,
I measur'd by a Fall these loftie Bounds;
Yet doth Renowne my Losses countervaile,
For still the Shore my brave Attempt resounds:
A Sea, an Element doth beare my Name,
Who hath so vaste a Tombe in Place, or Fame?

(um 1615)

Ikarus

Als ich mit kühnen Schwingen auf diesen luftigen Wegen sprang und als neues Ungeheuer dem gefiederten Volk und seinen Adlerkönigen Furcht und Schrecken einjagte, blendeten mich des Phöbus Strahlen und bezauberte mich die Musik der Sphären. Als die Federn sich nicht mehr bewegen konnten und mir die Kraft versagte, erfuhr ich durch einen Fall die Grenzen meines Hochmuts. Doch wiegt mein Ruhm den Verlust auf, denn noch immer hallt die Küste von meinem kühnen Angriff wider: ein Meer, ein Naturelement, trägt meinen Namen. Wer sonst hat ein so riesiges Grab oder so großen Ruhm?

LUIGI TANSILLO

Aspirò ad un amore tant'alto, che, anche cadendo, egli sarà lodato per la sua audacia

Amor m'impenna l'ale, e tanto in alto
le spiega l'animoso mio pensiero,
che, ad ora ad ora sormontando, spero
a le porte del ciel far novo assalto.
Tem'io, qualor giú guardo, il vol tropp'alto,
ond'ei mi grida e mi promette altero,
ché, s'al superbo vol cadendo, io pero,
l'onor fia eterno, se mortal è il salto.
Ché s'altri, cui disio simil compunse,
diè nome eterno al mar col suo morire,
ove l'ardite penne il sol disgiunse,
ancor di me le genti potran dire:
– Quest'aspirò a le stelle, e s'ei non giunse,
la vita venne men, ma non l'ardire! –

(1552)

Er trachtete nach einer so hohen Liebe, daß er, sollte er auch scheitern, für seinen Wagemut gelobt sein wird

Amor beflügelt mich; zu solcher Höhe entfaltet mein kühner Mut die Schwingen, daß ich, mehr und mehr aufsteigend, hoffe, einen neuen Angriff auf die Himmelstore zu machen.

Ich fürchte, zu hoch zu fliegen, wenn ich hinabschaue. Daher ruft er [Amor] mir und verspricht mir hoch, daß die Ehre ewig währe, wenn ich bei so stolzem Flug stürze und der Sturz tödlich ist.

Denn ein anderer, getrieben von demselben Begehren, hat sich mit seinem Tod im Meer namentlich verewigt, wo die Sonne die heißen Federn kühlte,

so wird man auch mir nachrufen können: »Der strebte nach den Sternen, und wenn er nicht dorthin gelangte, so büßte er das Leben ein, aber nicht den Mut«.

LUIGI TANSILLO

Se, nell'inseguire il suo superbo sogno, perirà, morrà contento

Poi che spiegate ho l'ale al bel desio,
quanto per l'alte nubi altier lo scorgo,
piú le superbe penne al vento porgo,
e, d'ardir colmo, verso il ciel m'invio.
  Né del figliuol di Dedalo il fin rio
fa ch'io paventi, anzi via piú risorgo:
ch'io cadrò morto a terra ben m'accorgo;
ma qual vita s'agguaglia al morir mio?
  La voce del mio cor per l'aria sento:
– Ove mi porti, temerario? China,
ché raro è senza duol troppo ardimento! –
  – Non temer (rispond'io) l'alta rovina,
poiché tant'alto sei, mori contento,
se 'l ciel sí illustre morte ne destina. –

(1536 oder 1552)

Wird er bei der Verfolgung seines kühnen Traumes untergehen, wird er zufrieden sterben

Die ausgebreiteten Flügel lieh ich dem schönen Begehren und je mehr ich mich über die hohen Wolken erhebe, desto mehr biete ich die stolzen Federn dem Wind und mache mich voll Leidenschaft zum Himmel auf.

Und das schlimme Ende von Dädals Sohn macht mir keine Angst, vielmehr steige ich weiter nach oben. Daß ich tot zu Boden stürzen werde, weiß ich; aber welches Leben gleicht meinem Tod?

Die Stimme meines Herzens höre ich in der Luft: »Wohin bringst Du mich, Wagemutiger? Neige dich, denn selten bleibt zu große Kühnheit ohne Schmerz«.

»Fürchte nicht«, antworte ich, »den tiefen Fall: da du nun einmal so hoch bist, stirb zufrieden, wenn der Himmel dir einen solch heroischen Tod bestimmt«.

S'un Icaro, un Fetonte
per troppo ardir già spenti il mondo esclama:
quel che perdêr di vita, elli han di fama.
Di me, farfalla pargoletta e frale,
qual fia la gloria tra' piú vaghi augelli,
ch'ebbi ardir di spiegar le piccol'ale
al gran splendor de gli occhi e de' capelli,
ove Amor vinto regna,
e col volo cercai morte sí degna?
Qual pregio, udendo dire:
– Ogni farfalla, spenta in sul gioire,
intorno a picciol lume morir suole,
quest'ebbe morte per gioir nel sole! –

(1562/67)

Wenn die Welt einen Ikarus oder Phaëton schon wegen ihrer zu großen Leidenschaft für tot erklärt, die an Ruhm verdienten, was sie an Leben einbüßten, welchen Ruhm werde ich erwerben, ein kleiner Falter zwischen viel schöneren Vögeln, der den Mut hatte, seine kleinen Flügel auszubreiten zum großen Glanz der Augen und Haare, wo Amor herrscht und im Flug einen so würdigen Tod suchte? Welch Lohn wäre es, sagte man mir nach: »Jeder Falter, in seiner Freude ausgelöscht, pflegt in einem kleinen Licht zu verbrennen, dieser hingegen starb, weil er sich an der Sonne erfreute!«

Si para refrenar este deseo
loco, imposible, vano, temeroso,
y guarecer de un mal tan peligroso,
que es darme a entender yo lo que no creo,
    no me aprovecha verme cual me veo,
o muy aventurado o muy medroso,
en tanta confusión que nunca oso
fiar el mal de mí que lo poseo,
    ¿qué me ha de aprovechar ver la pintura
d' aquel que con las alas derretidas,
cayendo, fama y nombre al mar ha dado,
    y la del que su fuego y su locura
llora entre aquellas plantas conocidas,
apenas en el agua resfrïado?

(1533/35)

Wenn es zur Zügelung dieses verrückten, unmöglichen, eitlen, bangen Liebesverlangens und zur Heilung von einem so gefährlichen Übel – nämlich mich von etwas überzeugen zu müssen, woran ich nicht glaube –

für mich, der ich so verwirrt bin, daß ich es nie wage, das Leid als mein eigenes anzunehmen, von keinerlei Nutzen ist, mich so zu sehen, wie ich mich sehe – sei es als äußerst Wagemutigen oder als äußerst Furchtsamen –,

was für einen Nutzen hat es dann für mich, das Bildnis dessen zu sehen, der mit seinen geschmolzenen Flügeln im Sturz dem Meer seinen Ruhm und Namen gegeben hat,

oder das Bild dessen, der zwischen jenen bekannten Pflanzen sein Feuer und seinen Wahnsinn beweinte, kaum daß ihn im Wasser wieder Kühle umgab.

ONORATO FASCITELLO

Icarò io son, che con cerate piume
m'innalzo al sol del vostro immenso onore,
qual semplice animal, che per costume
vola alla luce, ove s'accende, e muore.
  E temo, che non strugga, e non consume
la cera del desire il troppo ardore,
sí sono ardenti i rai del vostro lume;
onde caggia nel mar del proprio errore.
  Debili vanni ho certo a sí gran volo;
ma chi frena il desío vago di farsi
eterno in grembo della vostra gloria?
  Dirassi almen, dopo mill'anni, ch'arsi
le penne ardite per seguirvi solo:
e fia di me nel mondo alta memoria.

(vor 1564)

Ich bin Ikarus, mache mich mit gewachsten Federn zur Sonne Eurer unermeßlichen Ehre auf, wie eine Motte zum Licht fliegt, wo sie verbrennt und stirbt.

Und ich fürchte, daß die übergroße Leidenschaft das Wachs des Begehrens schmilzt und verzehrt, so sehr glühen die Strahlen Eures Glanzes, daß ich in das Meer des eigenen Irrtums stürze.

Zu schwach sind die Schwingen für einen solch hohen Flug; wer aber zügelt den Wunsch, sich im Schoß Eures Ruhms zu verewigen?

Wenigstens wird man noch tausend Jahre später sagen, daß ich die kühnen Federn verbrannte, nur um Euch zu folgen: möge mich die Welt in so hohem Andenken behalten.

Dichoso fue'l ardor, dichoso el buelo
con que, desamparado de la vida,
dio nombre a su memoria esclarecida
Ícaro en el salado i hondo suelo.
  I quien el rayo derribó del cielo,
culpa de la carrera mal regida,
que Lampecie, llorosa i afligida,
lamenta en el hojoso i duro velo.
  Pues de uno i otro eterna es la osadía
i el generoso intento, qu'a la muerte
negaron el valor de sus despojos.
  Yo más dichoso en la fortuna mía,
pues al cielo llegué con nueva suerte,
i ardí vivo en la luz de vuestros ojos.

(1580)

Glücklich war das Feuer, glücklich der Flug, womit auf salzigem und tiefem Grund Ikarus, vom Leben verlassen, seiner strahlenden Erinnerung den Namen gab.

[Glücklich] auch jener [Phaëton], den auf fehlgeleiteter Bahn der Blitz vom Himmel hinabstieß, den Lampecia, weinend und betrübt hinter ihrer vielblättrigen und harten Hülle beklagt.

Denn ewig dauern Wagemut und edles Unterfangen des einen wie des anderen fort, da sie den Tod um die Beute ihrer leiblichen Hüllen brachten.

Mehr Glück bescherte mir Fortuna: denn zum Himmel gelangte ich mit neuer Gunst und brannte lebendig im Lichte eurer Blicke.

FLORENTIUS SCHOONHOVIUS

Altum sapere periculosum

Icarus et Phaëton nimium dum magna capessunt
  Occidit hic flammis, ille peremptus aquis:
Mens infirma hominum cœli perrumpere claustra
  Cum studet; in tenebras præcipitata ruit.

(1618)

Es ist gefährlich, sich zu hoch hinauszuwagen

Als Ikarus und Phaëton allzu Großes wagten, ging der eine in den Flammen unter, der andere in den Wassern verloren. Wenn der unstete Geist der Menschen danach strebt, die Vesten des Himmels zu erschüttern, stürzt er vornüber ins Dunkel.

BATTISTA GUARINI

Povertà non essere disprezzabile in amore

Ahi che con ali inferme al ciel m'invio,
novo Icaro, e Fetonte un sole adoro.
Ma non sprezzate il foco, in cui, s'io moro,
nobil sarà, madonna, anco il fin mio.
  In stato umile Amor, cortese e pio,
d'altro ricco mi fa che d'ostro e d'oro;
benché povero amante, o qual tesoro
chiudo nel sen di fede e di desio!
  Altri la scorza adorni e fregi il manto;
pur che l'alma sia bella, ogn'altra cura
m'insegna Amor ch'abbia il mio core a schivo.
  Fra sí alte ricchezze in van procura
d'impoverirmi il mio destino, e tanto
povero son quanto di voi son privo.

(vor 1598)

Armut ist in der Liebe nicht zu verachten

Ach, der ich mich mit schwachen Flügeln zum Himmel aufmache, wie ein neuer Ikarus und Phaëton bete ich eine Sonne an. Doch verachtet nicht das Feuer, Herrin, welches meine Tat, wenn ich denn sterbe, veredeln wird.

Ich lebe in bescheidenen Verhältnissen, doch Amor, höflich und gut, bereichert mich mit anderen Gütern als mit Purpur und Gold; freilich bin ich ein armer Liebender, doch welchen Schatz an Treue und Liebe verwahrt mein Busen!

Ein anderer möge den Körper mit einem schönen Mantel schmücken – wenn nur die Seele schön ist, so lehrt mich Amor, kann mein Herz jeder anderen Sorge wehren.

Mit solchen Reichtümern begabt, versucht mein widriges Schicksal umsonst, mich arm zu machen; und ich bin in dem Maße arm, wie ich Euch entbehre.

TORQUATO TASSO

Al signor Giulio Mosti

Se d'Icaro leggesti e di Fetonte,
ben sai come l'un cadde in questo fiume
quando portar da l'oriente il lume
volle e de i rai del sol cinger la fronte,
  e l'altro in mar, ché troppo ardite e pronte
a volo alzò le sue cerate piume;
e cosí va chi di tentar presume
strade nel ciel per fama appena conte.
  Ma chi dee paventare in alta impresa,
s'avvien ch'Amor l'affide? e che non puote
Amor, che con catena il cielo unisce?
  Egli giú trae da le celesti rote
di terrena beltà Diana accesa,
e d'Ida il bel fanciullo al ciel rapisce.

(1579/85)

Liebesmuth

Weißt du von Phaeton's und Ikar's Wagen,
So weißt du auch, wie Wellen *den* umfingen,
Als er das Licht aus Osten wollte bringen
Und Sonnenstrahlen um die Stirne tragen!
  Und *den* das Meer, als kühn er aufgeschlagen
Zu schnellem Flug die wachsgefügten Schwingen;
Und also geht's, wagt's Einer, zu durchdringen
Straßen, wovon der Ruf kaum weiß zu sagen.
  Doch wem darf vor dem kühnsten Wagniß bangen,
Schirmt Amor ihn, der Jegliches vollbringet,
Amor, der kettend den Olymp umschnüret?
  Er ist es, der herab vom Himmel zwinget
Dianen, von der Erde Reiz befangen,
Und auf vom Ida schönen Knaben führet.

(Übertragen von Karl Förster, 1821)

TOMMASO CASTELLANI

Avventurate, ma piú audaci piume
di quelle, già che vanamente alzaro
Icaro verso il ciel; onde mostraro
essempio a chi salir troppo presume;
 se'l caso averso per men caldo lume
a lor avenne, hor voi, ch'un sol piú chiaro
scalda con raggi ardenti, qual riparo
vieta, che tanto ardor non vi consume?
 Ma quel, ch'ad altri nuoce è sol radice
del vostro ben; però movete il vento
per accrescer la fiamma, che vi giova.
 Onde poi quella nostra alma fenice
le gran forze d'Amor, l'altrui tormento
nel proprio ardor, se stessa e voi rinova.

(vor 1541)

Glückliche Schwingen, noch kühner als jene, die einst vergeblich Ikarus zum Himmel trugen und dem zur Lehre dienen, der es wagt, zu hoch zu steigen!

Widerfuhr den Ikarischen Federn dies widrige Geschick durch ein weniger heißes Licht, welcher Schutz hindert euch Federn dann, die euch eine hellere Sonne wärmt, von so großer Hitze verzehrt zu werden?

Aber gerade das, was anderen schadet, ist allein der Grund eures Glücks. Darum facht ihr das Feuer an und schürt die Flamme, die euch anzieht.

Daher erfährt unsere Seele wie Phönix wieder die große Macht Amors und fremdes Leid, indem sie sich und euch in der eigenen Liebesglut erneuert.

En sus ligeras alas confiado
(dícelo assí la fama), sale huiendo
el atrevido Icaro, subiendo
do el sol ardiente a nadie ha perdonado.
Pagó su atrevimiento el desdichado,
y a Apolo el gran Neptuno obedeziendo,
en sus soberbias olas sumergiendo,
sepultura le dió en el mar salado.
¿Es menos poderoso el sol ardiente
que sale de los ojos soberanos
de Laura bella? Di, Lisandro amigo.
¿Pues dó subes tan alto? Passo, tente,
y no llames los dioses inhumanos,
si te dieren de Icaro el castigo.

(vor 1613)

»Seinen leichten Flügeln vertrauend (so geht die Sage) flieht der mutige Ikarus und steigt dahin, wo die Sonnenglut noch niemanden verschont hat.

Der Unglückliche bezahlte für seine Kühnheit, und es begrub ihn, Apollo gehorchend, der große Neptun im salzigen Meer, indem er ihn in seinen mächtigen Wogen versenkte.

Ist die Sonne, die aus den stolzen Augen der schönen Laura strahlt, etwa weniger glühend? Sag Lisandro, mein Freund.«

»Was willst du dann so hoch hinaus? Gemach, mäßige dich, und schimpfe die Götter nicht unmenschlich, wenn sie dich wie Ikarus strafen.«

PHILIPPE DESPORTES

Icare est cheut icy le jeune audacieux,
Qui pour voler au Ciel eut assez de courage:
Icy tomba son corps degarni de plumage,
Laissant tous braves cœurs de sa cheutte envieux.
  O bien-heureux travail d'un esprit glorieux,
Qui tire un si grand gain d'un si petit dommage!
O bien-heureux malheur plein de tant d'avantage,
Qu'il rende le vaincu des ans victorieux!
  Un chemin si nouveau n'estonna sa jeunesse,
Le pouvoir luy faillit mais non la hardiesse,
Il eut pour le brûler des astres le plus beau.
  Il mourut poursuivant une haute adventure,
Le ciel fut son desir, la Mer sa sepulture:
Est-il plus beau dessein, ou plus riche tombeau?

(1573)

Hier ist Ikarus gestürzt, der waghalsige Jüngling, der genug Mut hatte, gen Himmel zu fliegen: Hier fiel sein Körper nieder, des Federkleides entblößt, [und] ließ alle tapferen Herzen seines Sturzes wegen neiderfüllt zurück.

Oh glückseliges Schaffen eines ruhmreichen Geistes, der solch großen Gewinn aus so kleinem Schaden zieht! Oh glückseliges Unglück voll von zahlreichen Vorzügen, auf daß es dem Besiegten siegreiche Jahre zurückgebe!

Ein so neuer Weg erstaunte seine Jugend nicht, das Können fehlte ihm, aber nicht der Mut; ihm war beschieden am schönsten Gestirn zu verbrennen.

Er starb, während er einem großen Abenteuer nachjagte, sein Verlangen war der Himmel, das Meer wurde sein Grab: gibt es ein schöneres Vorhaben, oder ein herrlicheres Grabmal?

OTTO VAN VEEN

Medio tutissimus ibis

Dædalus, en, medium tenet, extrema Icarus; ille
Transvolat, hic mersus nomine signat aquas.
Gaudet Amor medio, nec summa nec infima quærit;
Si qua voles aptè nubere, nube pari.

(1608)

Der Mittelweg ist der sicherste

Dädalus, siehe, hält die Mitte, Ikarus die Extreme; jener fliegt hinüber, dieser ertrinkt und gibt dem Meer seinen Namen. Amor freut sich an der Mitte und sucht weder Höchstes noch Tiefstes; wenn Du gut heiraten willst, heirate im gleichen Stand!

GIOVANNI BATTISTA MARINO

Icaro in cera

La cera, che fatale,
Icaro, ti diè morte,
ecco con miglior sorte,
per man di dotto artefice scolpita,
or ti rende la vita.
Ma guàrdati da' rai
del Sol, dove tu vai;
ché s'egli avien ch'ei ti distempri l'ale,
senza risorger mai
cenere ricadrai.

(vor 1619)

Ikarus aus Wachs

Das Wachs, das verhängnisvolle, gab dir, Ikarus, den Tod – hier, zum besseren Geschick, geformt von der Hand eines versierten Künstlers, schenkt es dir das Leben. Aber hüte dich vor den Strahlen der Sonne, wohin du auch immer gehen magst. Denn wenn sie dir die Flügel schmilzt, wirst du, ohne je wieder aufzuerstehen, zu Asche zerfallen.

BATTISTA GUARINI

Cor volante

A voi, donna, volando,
l'amoroso mio cor da me si parte,
vago di riveder gli amati soli;
ma non so con qual'arte
o d'Icaro o di Dedalo se 'n voli.
So ben ch'al caldo lume
poria perder le piume e poi la vita,
ma segua ove l'invita
suo destino o sua gioia,
pur che Dedalo giunga, Icaro moia.

(vor 1598)

Fliegendes Herz

Zu Euch, Herrin, löst sich im Fluge mein liebevolles Herz von mir, sehnsüchtig danach, die geliebten Augensonnen wiederzusehen. Doch ich weiß nicht, ob es mit dem Können eines Ikarus oder eines Dädalus davonfliegt. Wohl weiß ich, daß es im heißen Licht die Federn verlieren kann und dann das Leben; aber es soll fliegen, wohin es sein Geschick und seine Lust bestimmt, mag es als Dädalus ankommen oder als Ikarus sterben.

DANIEL CZEPKO

Nichts ohne Gefahr. Icarus und Daedalus. An die liebreiche Morata

Zu dir als zu meiner Sonnen
Hab ich meinen Flug begonnen,
Ungewiß ob ich im Ziehn
Icar oder *Dædal* bin:
   Doch gewiß kan man erkennen,
Daß nicht bloß die Flügel brennen,
Auch das Leben büß ich ein,
Umb der Augen süßen Schein.
   Nun ich folge meinen Sinnen,
Könt ich nur den Platz gewinnen,
Welchen *Dædalus* gekriegt,
Läg ich gleich, wo *Icar* liegt.

(um 1635/40)

ERNST CHRISTOPH HOMBURG

Vergleichung eines Liebhabenden mit dem Icarus

Ach Chloris lasset zu / ich muß mich zu euch neigen /
Nach ewerm Himmel hin / der klaren Schönheit / steigen!
   Durch meine Liebes-Glut / darvon mein Hertz entbrandt /
   Hab' ich mich also hoch zu euch empor gewandt.
Ich sol seyn Icarus / der gleichfals sich gedrungen
Hin zu der Sonnen Haus / so hoch hinauff / geschwungen /

Zu seinem grössern Fall: Hat doch durch dieses Leid
Erworben hohes Lob / die ewig' Ewigkeit.
Ein Todt uns straffet ab. Wir beyde sind gefellet /
Daß wir durch Kühnheit uns dem Himmel beygesellet;
Ich in der Zären-Bach zerschmeltze wie der Schnee /
Und jener sturbe hin auff ungestümer See.
Wir alle beyde sind des Lebens-Ziel entsetzet /
Von Flammen ich und er biß auff den Tod verletzet /
Er; Durch die heisse Sonn' / und ihrer Strahlen Schein /
Ich; Durch die strenge Glut / der Chloris Aeugelein.

(1642)

GOTTLIEB STOLLE

Er vergleicht sich mit dem Icarus

Ich bin wie Icarus bemüht,
Mich aus dem kercker wegzubringen,
In welchen mich die ehrfurcht eingesperrt.
Verliebte blätter sind die schwingen,
Durch die mein hertze sich zu seiner sonne zieht.
Doch ach, verwegenheit! du bringest bittre früchte,
So hoch du dich erhebst und prangst;
Denn ihr erhitzter strahl macht meinen flug zunichte,
Und überliefert mich den wellen tiefer angst.

(1710)

JACOB BALDE

Melancholia

Semper ego inclusus Germanae finibus orae
  In Bavara tellure senescam!
Tristibus imperiis spatio retinemur in arcto
  Et curtum male perdimus aevum.
Atqui vincla licet rupto dissolvere nodo
  Et clausas diducere turreis:
Graeculus effugiens aliquis Minoia regna
  Ceratas sibi sumpserat alas.
Sed neque fallaceis ventos tentare necesse est
  Lapsuris super aequora pennis.
Tota mihi quamvis adeo Germania carcer,
  Deterius quoque carcere corpus:
Libera mens tamen est, ubi vult habitatque volatque.
  In pelago non impedit Auster,
In terris non tardat obex, transcendit et Alpes
  Nubiferas ac sidera pulsat.
Accedit Phoebi donum, divina poesis.
  Hac fretus velocior Euro
Euri nascentis patriam cunasque videbo
  Aurorae rapiendus in ortum.

(1643)

Melancholie

Eingeschlossen für immer bin ich in Germaniens
Grenzen,
Altern muß ich auf bayrischem Boden.
Trauriger Machtspruch hält uns zurück im arktischen
Raume,
Übel vertun wir verstümmeltes Leben.
Doch es wären die Fesseln zu brechen, der Knoten zu
lösen
Und die geschlossenen Mauern zu öffnen:
Aus dem minoischen Reich zu entfliehn nahm an sich der
kluge
Grieche mit Wachs gefertigte Flügel!
Aber es tut nicht not die trügenden Winde zu wagen,
Wo überm Meer die Federn sich lösen.
Ist mir auch noch so sehr ein Kerker das ganze Germanien
Und noch schlimmer mein Leib als ein Kerker,
Frei ist dennoch der Geist; wo er will, da wohnt er und
weht er,
Auf dem Gewässer nicht hemmt ihn der Südsturm,
Nicht zu Lande der Schlagbaum, er übersteigt auch die
Alpen,
Wolkentragende, rührt an die Sterne.
Ihm gesellt sich die Gabe Apolls, die göttliche Dichtkunst.
Ihr mich vertrauend, schneller als Ostwind,
Werdenden Ostwinds Heimat und Wiege werd ich
besuchen,
Hingerafft zu des Morgenrots Aufgang.

(Übertragen von Max Wehrli, 1963)

LUIS DE GÓNGORA

Al túmulo de Écija, en las honras de la Señora Reina Doña Margarita

Icaro de bayeta, si de pino
Cíclope no, tamaño como el rollo,
¿volar quieres con alas a lo pollo,
estando en cuatro pies a lo pollino?
¿Qué Dédalo te induce peregrino
a coronar de nubes el meollo,
si las ondas, que el Betis de su escollo
desata, ha de infamar tu desatino?
No des más cera al sol, que es bobería,
funeral avestruz, máquina alada,
ni alimentes gacetas en Europa.
Aguarda a la ciudad, que a mediodía,
si masse Duelo no en capirotada,
la servirá masse Bochorno en sopa.

(1611)

Auf den Katafalk von Écija, zu Ehren der Frau Königin Doña Margarita

Ikarus aus grobem Tuch und Fichtenholz, obschon kein Zyklop, so doch mächtig wie die Écija-Säule: du willst fliegen mit den Flügeln eines Huhns, und stehst doch vierfüßig da wie ein Esel?

Welcher hergelaufene Dädalus verleitet dich, dein Haupt mit Rauchwolken zu bekränzen, entehrt doch deine Albernheit die Wellen, die der Betis von der Klippe losbindet?

Verschwende kein Wachs mehr an die Sonne, denn das wäre töricht, du Trauervogel Strauß, geflügelter Apparat, und liefere keinen Stoff für die Zeitungen in Europa.

Gib acht auf die Stadtgemeinde! Denn wenn Maître Trauerzug sie zur Mittagszeit nicht in einer Schweißtunke serviert, dann wird sie Maître Schamröte in Schweißbrühe servieren!

DANIEL CASPER VON LOHENSTEIN

Seele / des weiland Wol-Edelgebohrnen / Gestrengen und Hochbenambten Herren George Friedrichs von Artzat und Groß-Schottkau […] Zu schuldigem Ehren-Gedächtnüsse […] mitleidend entworffen

Vers 1–18

Als Evens Vorwitz sie umb ihre Schönheit brachte /
Und Adam sein gros Gutt für einen Apfel gab /
Ward beyder Leib ein Aas / der Tag zu Mitternachte /
Das Paradis verkehrt in ein lebendig Grab.
Ja auch des Menschen Kern / was Gott sein Bildnüs nemet
Die Seele / so verstellt: Daß sie sich selbst nicht kennet.

Sie war ein Icarus / die Unschuld ihre Flügel /
Dardurch sie sich zu GOtt und in den Himmel schwang.
Ach aber! als ihr nicht die Demuth hielt den Zügel /
Warf der zu hohe Flug sie in den Untergang.
Denn / wie das Wachs zerschmeltzt an glüend-heissen Sonnen;
So ist / was Göttlich schien' / auch stets für Gott zerronnen.

Selbst Plato / der sie zwar noch itzt an Flügel hencket /
Viel Formen ihr schreibt zu / sie Gottes Tochter heißt;
Muß zustehn: daß sie sey in Lethens Flutt geträncket /
Weil Eitelkeit in ihr ihm Tausend Flecken weißt;
Ja keines Kindes Mund kan nach den Mutter-Brüsten /
So sehr / als unser Geist nach Eitelkeit gelüsten.

(1665)

GIOVANNI FRANCESCO LOREDANO

Epitaffio d'Icaro

Icaro son con questa pietra addosso,
Ma non mi spiace già lo star sepolto;
Mi dolgo sol, che in cenere rivolto
Per l'aria à mio piacer volar non posso.

(1654)

JOHANN CHRISTIAN HALLMANN

Grab-Schrifft des Icarus

Hier lieg' ich *Icarus* mit Seuffzern in der Grufft /
Nicht etwan / daß der Todt das Leben mir geraubet /
Nein; sondern weil mir itzt nicht ferner ist erlaubet
Zu fliegen wie vorhin durch die saphirne Lufft.

(1682)

CELIO CALCAGNINI

Casus Icari

Dædalus insuetis scindat licet aëra pennis,
  Non cessat natum voce monere tamen:
Icare, per medium: medio tutissimus ibis.
  Icarus exclamat, mi pater, adfer opem.
Ne frustra repetas miseri præcepta volatus;
  Iam rogo, iam dicta quâ ratione natem.

(vor 1541)

Der Sturz des Ikarus

Mag auch Dädalus mit ungewohnten Flügeln die Luft zerteilen, läßt er dennoch nicht ab, den Sohn mit der Stimme zu mahnen: »Ikarus, durch die Mitte: in der Mitte wirst du am sichersten vorankommen.« Ikarus ruft aus: »Vater, hilf' mir! Wiederhole nicht vergebens die Regeln des unseligen Fluges, sage mir bitte vielmehr, wie ich schwimmen soll.«

ERNST CHRISTOPH HOMBURG

Auff den fallenden Icarus

Als seinen kecken Sohn der Dædalus zum fliegen
Vermahnte / da man ihn schier sah' im Wasser ligen;
  Rieff Icarus / du wirst itzt / Vater / zeigen an /
  Nicht wie ich fliegen sol / nur wie ich schwimmen kan.

(1642)

DAVID SCHIRMER

An den Dädalus

Vergebens hat dein Sohn gemachet sich zum Sternen /
Viel besser wer es ihm / er hette schwimmen lernen.

(1657)

DANIEL CZEPKO

An seinen Freund, der sich zum Fenster hinaus begeben müßen. Ohne Federn gefährlich

Was vor ein *Icarus* fleugt zu dem Fenster naus?
  Ich kenne seinen Fall, er hat sich ja verstiegen:
Ihr Buhler thut es nach, und mercket dieses Haus:
  Der vor in Federn lag, muß ohne Federn fliegen.

(um 1635/40)

III

Künstler und Märtyrer.
Ikarus von der Klassik bis zur Klassischen Moderne

Herbert James Draper: The Lament for Icarus.
Öl/Leinwand. 1890.

JOHANN WOLFGANG VON GOETHE

Faust

Der Tragödie Zweiter Teil. Dritter Akt. Arkadien.

Vers 9863–9906

Gemeinsam mit dem Chor verfolgen Helena und Faust den scheiternden Flug ihres Sohnes Euphorion.

CHOR. Heilige Poesie,
Himmelan steige sie,
Glänze, der schönste Stern,
Fern und so weiter fern,
Und sie erreicht uns doch
Immer, man hört sie noch,
Vernimmt sie gern.

EUPHORION. Nein, nicht ein Kind bin ich erschienen,
In Waffen kommt der Jüngling an;
Gesellt zu Starken, Freien, Kühnen,
Hat er im Geiste schon gethan.
Nun fort!
Nun dort
Eröffnet sich zum Ruhm die Bahn.

HELENA UND FAUST. Kaum in's Leben eingerufen,
Heitrem Tag gegeben kaum,
Sehnest du von Schwindelstufen
Dich zu schmerzenvollem Raum.
Sind denn wir
Gar nichts dir?
Ist der holde Bund ein Traum?

EUPHORION. Und hört ihr donnern auf dem Meere?
Dort widerdonnern Thal um Thal,
In Staub und Wellen Heer dem Heere,
In Drang um Drang zu Schmerz und Qual.
Und der Tod
Ist Gebot,
Das versteht sich nun einmal.

HELENA, FAUST UND CHOR. Welch Entsetzen!
welches Grauen!
Ist der Tod denn dir Gebot?
EUPHORION. Sollt' ich aus der Ferne schauen?
Nein! ich theile Sorg' und Noth.
DIE VORIGEN. Übermuth und Gefahr,
Tödtliches Loos!
EUPHORION. Doch! – und ein Flügelpaar
Faltet sich los!
Dorthin! Ich muß! ich muß!
Gönnt mir den Flug!

Er wirft sich in die Lüfte, die Gewande tragen ihn einen Augenblick, sein Haupt strahlt, ein Lichtschweif zieht nach.

CHOR. Ikarus! Ikarus!
Jammer genug.

Ein schöner Jüngling stürzt zu der Eltern Füßen, man glaubt in dem Todten eine bekannte Gestalt zu erblicken; doch das Körperliche verschwindet sogleich, die Aureole steigt wie ein Komet zum Himmel auf, Kleid, Mantel und Lyra bleiben liegen.

HELENA UND FAUST. Der Freude folgt sogleich
Grimmige Pein.
EUPHORIONS STIMME AUS DER TIEFE.
Laß mich im düstern Reich,
Mutter, mich nicht allein!

(1831)

FRIEDRICH DE LA MOTTE FOUQUÉ

Parcival. Rittergedicht

Erstes Buch. 13. Abschnitt

Die Verse reflektieren die Situation Gamurets nach der Eheschließung mit Herceloyde und kurz vor seinem Tod.

Es giebt bisweilen Zeiten,
Wo Glückes Licht und Schwung
Verheißt, uns zu geleiten
Durch's Leben endlos jung.
Wir trau'n den holden Träumen,
Wir wall'n im frischen Muth,
Und alle Wolken säumen
Sich uns mit SonnenGluth.

Das Unglück dünkt uns Fabel,
Ein trüber Wahn der Schmerz,
Die Warnung irre Babel,
Allmächtig unser Herz,
Um Alles zu erringen,
Was je das Leben schmückt. –
Weh' den Ikar'schen Schwingen,
Wann heiß der Mittag drückt!

Sie sind aus Wachs gegossen,
Sie schmelzen vor dem Strahl,
Der, ew'gem Licht entflossen,
Ernst zückt in's ErdenThal.
Vor'm blendend strengen Blinken
Ziehn bang' wir hin und her.
Wir zagen, taumeln, sinken
In's Schmerz- und Todes-Meer.

Das sperrte, längst weitoffen,
Nach uns den Rachen aus.

Nun fängt es unser Hoffen,
Nun giebt's uns seinen Graus.
Wähnst Du dich nun verloren,
Du schmerzlich blutend Herz?
Nein! Jetzt erst neugeboren,
Jetzt fliegst Du himmelwärts.

(1831/33)

LUDWIG ACHIM VON ARNIM

Holländische Liebhabereien

Auszug

Im Eingang von Arnims Erzählung, die im Amsterdam des 17. Jahrhunderts spielt, erzählt Jan Vos, dichterischer Zögling des Professors Hemkengriper, seinem Lehrmeister den Inhalt seines neuen Trauerspiels Icarus, *dessen Konfiguration und Handlung auf die weitere Geschichte vorausweist:*

Als Einleitung erzählt die stets dienstfertige Muse, wie Dädalus und dessen Sohn Icarus auf Creta von dem Könige, der ihre Künstlichkeit fürchtet, in dem von ihnen erbauten Labyrinthe eingesperrt sind, dessen Ausgang sie selbst nicht mehr finden. Dädalus hat sich in sein Schicksal ergeben als älterer Mann, aber Icarus, der feurige Jüngling, hat beständig von einer Jungfrau geträumt, die er nie gesehen, und die seine ganze Liebe gewonnen. Da er nirgends ein Mittel fand, sich kund zu machen, oder sie aufzusuchen, schrieb er seiner Liebe Noth auf Täfelchen, in die er das Bild der Jungfrau einriß, und fügte auch den Namen Protea hinzu, den ihm ein Traum genannt hatte. Diese Täfelchen band er seinen einzigen Gesellen, den

Störchen, um den Hals, und ließ sie im Herbste damit fortwandern. Und als sie im Frühling wiederkehrten, brachten sie ihm andre Täfelchen zur Antwort, auf welchen eine Jungfrau des Namens mit gleicher Sehnsucht zu ihm spricht, sich die Tochter des Proteus nennt, und die Lage der fernen Meerhöhle beschreibt, wo er sie aufsuchen solle. Nun hatte Icarus keine Ruhe, bis er den Vater zu der Erfindung getrieben, wie sie durch die Kraft wächserner Flügel aus dem Gefängniß entkommen, und zu der Meerhöhle gelangen könnten. Glücklich war der Anfang ihrer Flucht, sie flogen ihren Freunden, den Störchen, vor, sie fanden die bezeichnete Richtung zwischen den Inseln, sie sahen schon aus der Ferne die Höhle der Protea, da hatte aber die Gluth des Herzens sich so vermehrt im feurigen Icarus, daß seine Flügel schmolzen, daß er ins Meer stürzte. Hier trat die Muse zurück, und die Klagen des Dädalus um den Sohn eröffnen das Stück, als er nahe der Höhle ans Land getreten war. Doch diese Klagen hemmt der Anblick der Protea, die er sogleich nach seiner List erkannt, und deren Schönheit ihn entzückt. Er nennt sich Icarus, und sagt, daß er auf ihr Geheiß gekommen, sie möge ihn lieben und schützen. Sie gesteht ihm, daß ein andres, obschon ähnliches Bild ihr im Traume vorgeschwebt habe, doch fühle sie für ihn herzliche Theilnahme, sie wolle ihr Wort erfüllen, sie wolle mit ihm entfliehen, da ihr Vater Proteus jede Verbindung von ihr in trüber Ahndung hindere. Er muß sich hinter einem dienstbaren Meerungeheuer verstecken, während Proteus im Gespräche mit dem alten blinden Tiresias und mit dem jungen Narcissus auftritt. Beide wollen ihn um Rath fragen, beide verhöhnen einander über ihre Fragen, weil Tiresias seine Weissagung, und Narcissus seine Schönheit über dies Verlangen eingebüßt hat. Narcissus glaubt in allen Quellen ein flüchtiges Bild dieser Geliebten zu schauen, Tiresias meint so etwas von ihr in seinem Schatten zu sehen, Proteus will nicht antworten, weil er eine Beziehung auf seine Tochter zu bemerken glaubt, aber er wird mit Gewalt zum Wahrsagen gezwungen, und erklärt nun, Narcissus liebe sich selbst unter jeder Gestalt, wie er sei, Tiresias aber sich selbst, wie er gewesen, als er durch Schlangenzauber in eine Jungfrau verwandelt war. Beide erzürnen heftig über diesen Aufschluß, und stoßen ihre Schwerdter dem Alten ins Herz. Protea ruft den versteckten Dädalus zur Rache auf, der fliegend mit solcher Gewandtheit beide bekämpft, daß sie sich flüchten. Protea reicht ihm zum Danke die Hand, und übergiebt ihm des Vaters Schätze. Als sie mit ihm zum Tempel des Neptun, umgeben von Nymphen zur Vermählung zieht, wirft das Meer die Leiche des Icarus in den Weg, der noch am Halse die Täflein trägt, auf welchen sie ihm ihre Liebe gesteht. Der Schmerzausruf des Vaters um seinen Sohn Icarus entwickelt ihr das Geheimniß, sie erkennt in ihm das Bild des Traumes, sie vermählt sich mit dem Todten, und Dädalus hat keinen andern Gedanken mehr, als den geliebten Sohn durch kunstreiche Mittel scheinlebend zu erhalten, durch Balsam die Macht der Verwesung abzuwenden. Mit halb erlöschender Stimme, Gluth in den Wangen, Thränen im Auge hatte Jan die Vorlesung geendet, als Hemkengriper ihm Beifall über seine fleißigen Verse schenkte, und endlich äußerte, es sei kaum zu merken, daß es eine Uebersetzung aus dem Deutschen der Rhoswitha, einer ehemaligen Nonne, sei.

(1826)

WILHELM MÜLLER

Selbstgenügsamkeit des Zechers

Wenn ich trinke guten Wein,
Fällt es mir mit nichten ein,
Über dieser Erde Schranken
Aufzuschwingen die Gedanken,
Und zu schaun in blaue Fernen
Nach des ew'gen Ruhmes Sternen.
Wenn ich trinke guten Wein,
Will ich nicht im Himmel sein.

Wißt ihr von dem Phaeton,
Phöbus naseweisem Sohn,
Der auf seines Vaters Wagen
Wollte durch den Himmel jagen?
Jupiter mit seinem Blitze
Schmettert' ihn vom Kutschersitze
Häuptlings in den Po hinab,
Und das Wasser ward sein Grab.

Anders ging es nicht dem Kind,
Das aus Kreta's Labyrinth
Wollt' auf seinen eitlen Schwingen
Grad' empor zur Sonne dringen.
Bald zerschmolz das Wachsgefieder,
Und der Vogel stürzte nieder:
In des Meeres bittrer Fluth
Büßt' er seinen tollen Muth.

Phaeton und Ikarus,
Du im Meer, und du im Fluß,
Hättet ihr hübsch Wein getrunken,
Nimmer wäret ihr gesunken
Von dem hohen Himmelsbogen
In die tiefen Wasserwogen:

Die da trinken guten Wein,
Wollen nicht im Himmel sein.

Wenn ich trinke guten Wein,
Fällt mir oft eur Schicksal ein,
Und ich blick' als frommer Zecher
Nieder in den engen Becher,
Nicht empor nach Ehrensternen,
Nicht hinaus in blaue Fernen:
Wenn ich trinke guten Wein,
Mein' ich, was ich will, zu sein.

(1823)

WILHELM MÜLLER

Der neue Ikarus

In dem goldnen Labyrinthe deiner Locken eingefangen,
Hab' ich meine arme Freyheit in den Schlingen aufgehangen.
Denn wie sollt' ich es versuchen, aus den holden Irrgewinden
In dem Dämmerlicht der Träume wieder mich herauszufinden?
Könnt' ich auch aus Wachs mir Flügel, wie ein Dädalus, bereiten,
Wohin anders würd' ich diese, als nach deinen Sonnen breiten?
Bis die Federn mir zerschmölzen an den allzunahen Strahlen,
Und ich stürzt' aus meinem Himmel in das dunkle Meer der Qualen.

(1826)

CHARLES BAUDELAIRE

Les plaintes d'un Icare

Les amants des prostituées
Sont heureux, dispos et repus;
Quant à moi, mes bras sont rompus
Pour avoir étreint des nuées.

C'est grâce aux astres nonpareils,
Qui tout au fond du ciel flamboient,
Que mes yeux consumés ne voient
Que des souvenirs de soleils.

En vain j'ai voulu de l'espace
Trouver la fin et le milieu;
Sous je ne sais quel œil de feu
Je sens mon aile qui se casse;

Et brûlé par l'amour du beau,
Je n'aurai pas l'honneur sublime
De donner mon nom à l'abîme
Qui me servira de tombeau.

(1862)

Klagen eines Ikarus

Die dirnen mit ihren buben
Sind aufgelegt glücklich und satt . .
Und ich – meine arme sind matt
Da sie in wolken sich gruben.

Die unvergleichlichen sterne
Die glänzend am himmelsgrund stehn
Lassen die augen nur ferne
Sonnen-erinnrungen sehn.

Ich wollte des ungeheuern
Mitte finden und schluss ·
Ich fühle wie unter feuern
Mein flügel zerfallen muss.

Und den liebe zum Schönen verbrennt –
Es wird nicht einmal ihm die ehre
Dass die ihn begrabende leere
Mit seinem namen man nennt.

(Übertragen von Stefan George, 1891/1901)

Die Klagen eines Ikarus

Wie glücklich sind die Gäste feiler Dirnen,
Denn sie zehrt nicht die Glut der Leidenschaft,
Doch meinen Armen sank die letzte Kraft,
Weil sie sich sehnten nach den Wolkenfirnen.

Denn mich verführte jener Sternenkranz,
Der flammend glühte an des Himmels Kanten,
Und seitdem sah'n die Augen, die verbrannten,
Vom Licht nur stets der Sonnen Spiegelglanz.

Das letzte Wissen wollt' ich mir erringen,
Die letzte Wand im weiten Weltenraum,
Jedoch ein Feueraug' – ich sah es kaum –
Schmolz mir die schwachen, wachsgefügten Schwingen.

So scheidet, wer vor Schönheitssehnsucht brennt
In jähem Sturz, so endeten sie alle.
Ich weiß den Abgrund nicht, in den ich falle,
Ein Fremder ist es, der mein Grab benennt.

(Übertragen von Stefan Zweig, 1902)

Ikarus

Die bei den Dirnen trafen
es glücklich, sind satt und frei:
mir brachen die Arme entzwei,
weil ich bei Wolken geschlafen.

Schuld sind im Himmelsgefild
die Sterne ohnegleichen,
kann, verzehrt, ich nichts mehr erreichen,
als von Sonnen ein Bild.

Unmöglich, daß ich erringe
des Raumes Mitte und End;
irgend ein Blick, der brennt,
bricht mir, ich fühl es, die Schwinge;

und vom Drang nach dem Schönen versengt,
werd ich nicht bis zum Stolz mich erheben,
meinen Namen dem Abgrund zu geben,
der als Grab mich empfängt.

(Übertragen von Rainer Maria Rilke, 1921)

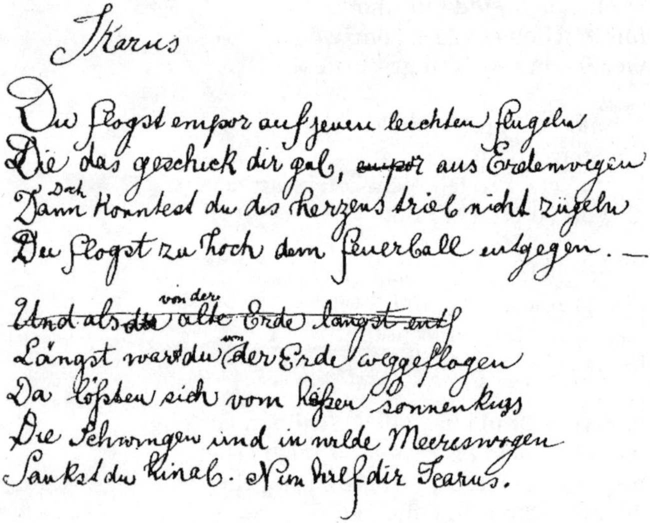

Ikarus

Du flogst empor auf jenen leichten flügeln
Die das geschick dir gab, aus Erdenwegen
Doch konntest du des herzens trieb nicht zügeln
Du flogst zu hoch dem feuerball entgegen. –

Längst warst du von der Erde weggeflogen
Da lösten sich vom heissen sonnenkuss
Die Schwingen und in wilde Meereswogen
Sankst du hinab. Nun hilf dir Icarus.

Ikarus

Du flogst zu hoch auf jenen leichten flügeln
Die das geschick dir gab – aus erdenwegen..
Doch konntest du des herzens trieb nicht zügeln
Du flogst zu hoch dem feuerball entgegen.

Längst warst du von der erde weggeflogen
Da lösten sich vom heissen sonnenkuss
Die schwingen und in wilde meereswogen
Sankst du hinab – nun hilf dir Ikarus!

(1886/87)

THEODOR FONTANE

Ikarus

Immer wieder dieselbe Geschichte:
Siege, Triumphe, Gottesgerichte.

Wem jeder Sprung, auch der kühnste, geglückt,
Der fühlt sich dem Gesetz entrückt,
Er ist heraus aus dem Alltagstrott,
Fliegen will er, er ist ein Gott;
Er fällt dem Sonnengespann in die Zügel –
Da schmelzen dem Ikarus die Flügel,
Er flog zu hoch, er stürzt, er fällt,
Ein neu Spektakelstück hat die Welt:
Eben noch zum Himmel getragen...
Apollo, zürnend, hat ihn erschlagen.

(um 1891)

OTTOMAR ENKING

Ikariden. Roman

Szene aus dem Schlußteil, in der sich Helene Rittner mit dem einst angebeteten, sozialpolitisch engagierten Publizisten Lentrodt ausspricht.

»Und nun«, begann Lene wieder, »lassen Sie uns einmal als Freunde sprechen. Ja, sind wir denn in der That Freunde gewesen?«

»Ich wollte Ihnen mehr sein, Frau Helene.«

»Aber das durfte nicht sein. Das Schicksal ist gütiger, als wir selbst es haben wollen. – Und nun sagen Sie mir: Sie glauben nicht, daß mein Mann als Schriftsteller eine führende Stellung einnehmen wird?«

»Offen gestanden: nein«, antwortete Lentrodt. »Das hätte sich jetzt schon zeigen müssen. Er ist ein pflichttreuer, fleißiger Arbeiter, ein ehrlicher Mensch…«

»Sonst nichts?« mußte Lene lächelnd fragen.

»Er hat auch eine gewisse Begabung«, beeilte sich Lentrodt zu sagen, »aber es fehlt ihm der weite Blick.«

»Der hat mir auch gefehlt«, nickte Lene. »Hätte ich weiter gesehen, so hätte ich ihn nie losgerissen, und wir wären glücklich geblieben. – Oder nein, doch nicht. Der Kampf mußte kommen, sonst wären wir nicht so eins geworden, wie wir es sind. Aber wann wird der Kampf enden?«

»Der Kampf?« entgegnete Lentrodt, »ja, haben Sie denn eigentlich schon gekämpft, Frau Helene? Ist Ihr Mann wirklich ein Kämpfer? Ich weiß, was Sie sagen wollen, – Sie sind Ihren Idealen gefolgt, und er hat seinen Altar verlassen, die Schutzstätte, die ihn gegen alle Unbilden bewahrte. Aber er hat doch eben nur abgestreift und ist trotzig und eigensinnig gewesen; etwas Neues zu erobern, dazu besitzt er nicht die Kraft. Er that einen kurzen Flug aufwärts, aber das bischen Sonne, das bischen Freiheit, was auf seinen Fittich schien, genügte schon, um ihm das künstliche Gefieder zu lösen, und er sank zurück ins Meer der Alltäglichkeit, über das er sich hinaufschwingen wollte. Und Sie müssen mit ihm in das trübe Meer: Sie haben ihn viel zu lieb. – Ach, die wir uns ins öffentliche Leben drängen, wir sind überhaupt alle dem Knaben Ikarus gleich, mögen wir uns noch so mutig anstellen, noch so hoch und kampfesgroß thun. Irgendwo, meine liebe Freundin, irgendwann lockern sich uns die Federn an den Schultern, und wir sausen nieder und versinken im Alltag. Ikariden, Frau Helene, Ikariden!«

»Sie auch?«

Er winkte abwehrend mit der Hand:

»Die Zeit kommt.«

Dann ging er auf Gleichgültiges über.

(1900)

GABRIELE D'ANNUNZIO

L'ala sul mare

Ardi, un'ala sul mare è solitaria.
Ondeggia come pallido rottame.
E le sue penne, senza piú legame,
sparse tremano ad ogni soffio d'aria.
  Ardi, veggo la cera! È l'ala icaria,
quella che il fabro della vacca infame
foggiò quando fu servo nel reame
del re gnòssio per l'opera nefaria.
  Chi la raccoglierà? Chi con piú forte
lega saprà rigiugnere le penne
sparse per ritentare il folle volo?
  Oh del figlio di Dedalo alta sorte!
Lungi dal medio limite si tenne
il prode, e ruinò nei gorghi solo.

(1904)

Der Flügel auf dem Meer

Glüh'! Es ist ein Flügel allein auf dem Meer.
Als bleicher Trümmer treibt er im Wellenschlag.
Und seine Federn, bar jetzt der Verbindung,
Zittern verstreut bei jedem Windhauch.
  Glüh'! Ich sehe das Wachs, es ist der ikarische Flügel,
Der, den der Schöpfer der schändlichen Kuh
Formte, als er Sklave war im Königreich
Des knossischen Königs, wegen ruchloser Tat.
  Wer wird ihn auflesen? Wer kann mit stärkerem Band
Die verstreuten Federn wieder vereinen,
Um den tollen Flug neu zu versuchen?
  O hohes Los von Dädals Sohn!
Weit hielt er ab von den Grenzen der Mitte,
Der Kühne, und stürzte einsam in die Strudel.

GABRIELE D'ANNUNZIO

ALTIVS EGIT ITER

L'ombra d'Icaro ancor pe' caldi seni
del Mar Mediterraneo si spazia.
Segue di nave solco che piú ferva.
Ogni rapidità di vènti agguaglia.
Voce d'uom che comandi ama nel turbine.
Ode clamor di nàufraghi iterato
e n'ha disdegno, ché silenzioso
fu quel rimoto suo precipitare.

Io la vidi laggiú, verso l'occaso.
Era nel palischermo io co' miei due
remi. A prora il mio Dèspota seduto
era, e guatava fiso la mia cura.
Tra quegli e me subitamente vidi
ignuda l'ombra d'Icaro apparire.
Quasi il color marino aveano assunto
le sue membra, ma gli occhi eran solari.

Sul petto giovenile intraversate
ancor gli stavan le due rosse zone,
già per gli òmeri vincoli dell'ale,
simili a inermi bàltei di porpora.
»O Dèspota, costui« dissi »è l'antico
fratel mio. Le sue prove amo innovare
io nell'ignoto. Indulgi, o Invitto, a questa
mia d'altezze e d'abissi avidità!«

(1904)

Altius egit iter

Der Schatten des Ikarus schweift wieder über die warmen Buchten des Mittelmeers. Er folgt der Furche des schnellsten Schiffes. Er kommt der Eile jedes Windes gleich. Er liebt im Sturm des Mannes Stimme, der befehle. Er hört immer neues Schreien von Schiffbrüchigen und verachtet es, denn stumm war sein einsamer Sturz.

Ich sah ihn dort unten, zur Abendseite. Es war in der Barke ich mit meinen beiden Rudern. Im Bug saß mein Despot und starrte gebannt auf mein Mühen. Zwischen ihm und mir sah ich plötzlich den bloßen Schatten des Ikarus erscheinen. Fast Meeresfarbe hatten seine Glieder angenommen, doch die Augen waren sonnenhaft.

Auf der jugendlichen Brust gekreuzt trug er noch die beiden roten Gurte, einst die Schulterfesseln der Flügel, nun waffenlose Schwertgehänge aus Purpur. »O Despot, dieser,« sagte ich, »ist mein Bruder von alters. Seine Versuche drängt es mich im Unbekannten zu erneuern. Verstatte mir, o Unbesiegter, meine Sucht nach Höhen und Abgründen«.

HERBERT EULENBERG

Ikarus und Daedalus. Ein Oratorium

Auszüge

(1) IKARUS klagt im Morgengrauen vor der Hütte seines Vaters:

Ewig mein Schicksal beklagend,
das gräßlichste, das, ein unseliger Würfel,
mir Sterblichem zufiel:
Sohn eines Großen zu sein,
nachgeboren
das Gewaltige zu fühlen
und nicht zu vermögen.
Wehe! Schon naht der Tag,
und die Göttin der Frühe
im gelben Gewande
die kleinbrüstige Eos
auf zierlichen Füßen
vom Licht umzittert.
So neig ich die Stirn ihr.
Sie soll sie nicht sehen
entstellt von Qualen,
wulstig und unschön,
von unfruchtbaren Gedanken zerhämmert
wie von Tempelschändern.

(er versteckt seinen Kopf in seinen Arm.)

So grüß ich den neuen Tag,
im Keim schon verhaßt mir,
und die Morgenröte
mit abgewandtem verstecktem Antlitz,
daß sie nicht sich versehe
auf ihrem ersten Weg
an mir falsch gemünztem
Abbild der Menschheit
und einen Tag gebäre
über die Erde
so traurig und gramvoll,

daß am Abend die Bäume ringsum
voll erhängten Menschen starren,
toten und tauben Früchten gleich mir.
Sieh mich nicht an, Eos,
neues Licht!
Um meiner Brüder willen auf Erden nicht!
Keiner trüge dies Los einen Tag,
der nicht stürbe die Nacht darauf.

(Er sinkt sein Antlitz verbergend nieder.)

(2) IKARUS legt die Flügel an:

Wartet, ich nahe!
Dort von dem Hain aus über der Bucht
wo die Lorbeern grünen
mit ihren dunklen runden Köpfen
flattr' ich empor hin über das Meer
euch Gestirnen zu.
Schmücken will ich mein Haupt, meine Haare
mit dem mühsam verwelkenden Lorbeer,
Sinnbild des Sieges und Ruhms unter Menschen.
Heia, strahlende Sonne,
sei mir gegrüßt
im Stolz deines güldenen Glanzes,
König der Könige!
Willst du mich blenden
mit deinen Strahlen!
Kann keiner dich ansehen
unter den Irdischen
mehr denn wenige Augenblicke
ohne zu erblinden vor dir?
Ich kann's.
Auf, Helios entgegen!
Mit lorbeerumsäumter Stirn
zieh ich ihm zu, dem Sonnengott
und entreiß ihm die Zügel,
die juwelengeschmückten des Viergespanns
seiner himmlischen Pferde.
Nieder stoß' ich vom schwankenden Throne

den vor mir bebenden Gott
daß seine Locken knirschen
unter dem goldenen Kranz der Räder
und den kreisenden silbernen Speichen
seines Sonnenwagens.
Aber eh' er von meiner Faust getroffen
im dampfenden Morgengewölk verendet,
reiß' ich den Strahlenkranz,
den diamantengleich glühenden
ihm von dem Haupthaar,
selber mich krönend
zum jüngsten, zum kühnsten
unter allen ambrosischen Göttern.
Zittere Helios!
Weint euch weg, ihr Himmlischen,
Euer Ende ist da.

(Man sieht ihn hinab zu dem Lorbeerhain eilen, wo er verschwindet. Der Westwind stößt höhnisch heulend um das Vorgebirge. Plötzlich hört man Ikarus beim Absturz schreien.)

IKARUS. Weh, weh! Ewig lächerlich!
Stückwerk mein Leben!
Stückwerk ich selbst!
Großes gewollt zu haben und nichts erreicht,
mein jämmerlich Angedenken!
Fluch meinem Dasein!
Fluch meinem Tode!

(1912)

IV

Rebellen und Neuerer.
Ikariden vom Expressionismus bis zum Zweiten Weltkrieg

Wilhelm Lehmbruck: Ode an den Genius II.
Radierung. 1917.

GEORG HEYM

Die Morgue

Vers 61–76

Wir zogen aus, gegürtet wie Giganten,
Ein jeder klirrte wie ein Goliath.
Nun haben wir die Mäuse zu Trabanten,
Und unser Fleisch ward dürrer Maden Pfad.

Wir, Ikariden, die mit weißer Schwinge
Im blauen Sturm des Lichtes einst gebraust,
Wir hörten noch der großen Türme Singen,
Da rücklings wir in schwarzen Tod gesaust.

Im fernen Plan verlorner Himmelslande,
Im Meere weit, wo fern die Woge flog,
Wir flogen stolz in Abendrotes Brande
Mit Segeln groß, die Sturm und Wetter bog.

Was fanden wir im Glanz der Himmelsenden?
Ein leeres Nichts. Nun schlappt uns das Gebein,
Wie einen Pfennig in den leeren Händen
Ein Bettler klappern läßt am Straßenrain.

(1911)

HELLMUTH WETZEL

Ikariden

Und als der Erste schwer, mit knatternden Stössen über der Erde hing,
Da jauchztest du, die Reiher bebten auf deinem Hut,
Und der Tag war leuchtend vor deinem Lachen, vor dem Lachen des Siegs.

Das war damals; und unter dem Sturzhelm starben viele;
Mit verschwielten Fäusten starben sie, verzerrten Gesichts, verkeilt in ihren Willen,
In Qual.
Und andre lagen:
Ihre kühlen, beringten Hände lächelten noch Verachtung vor dem Tod,
Und der duftende Rauch hing noch in ihren Kleidern,
Der kühle Stolz der Weisen redete noch von ihrem jungen Mund.

Denn jung und bartlos sind sie,
Die sterben eh' andre leben,
Und leben um zu sterben;
Jung und frühreif und hochmütig sind sie und übersatt;
Aber ihrer ist die Erob'rung, die Ferne, die Geschwindigkeit,
Und ihrer ist der tolle Tod.

(1912)

KARL BRÖGER

Schatten des Ikaros

Höher, mein Herz,
höher hinauf den Flug!
Vorwärts, aufwärts
im ratternden, knatternden Motorzug!

Unten gebäumtes Land, gebuckelter Wolkenwall,
oben Sonne und ewigen Lichtes brausender Niederfall.
Motorengetrommel voraus, umschwirrt von Propellerhast,
hinten gläsernes Schweigen und friedsam gedämpfter Glast.
Ebene, weithin entrollt, voll Schatten und glänzender Ruh,
Räume ringen und schwingen kreisend dem Herzen zu.
Wiese und Wald, Hügel und Felder Hand in Hand!
Tanz über allen Himmeln, gleitender Tanz alles Land!
Winde und Adlerschrei, weiße Flügel gebauscht,
tausend Farben, von Steigen und Sturz berauscht,
aller Straßen ledig, der Bläue, dem Äther Genoß,
offen die Himmel und ohne Riegel und Schloß…
Ikaros! Ikaros!

Lärmendes Motorherz, dein Schlagen im Takt
hält die zitternde, jauchzende Seele fest gepackt.
Antwort schreit sie dem Leben, das ganz verstummt,
wenn es nicht mehr aus deinem Klopfen und Hämmern summt.
Fern der Erde und ihrem sicheren Traum
greift mit tausend Krallenfingern nach mir der feindliche Raum,
starrt aus eiskaltem Blick den einsamen Flieger an
und lauert versteckt.

Da wird die Bahn, die luftige Bahn
und mein Herz von göttlichem Lichte geweckt.
Drunten, tief drunten, lautlos und leicht,
wälderhin, felderhin,
der Schatten des Flugzeugs streicht,
und ich weiß, wo ich bin.

Daß ich lebe,
daß ich schwebe,
Atem hole, Sonne trinke
und als zweites, dunkles Bild
still und mild
auf die Erde niedersinke.

Höher, mein Herz,
höher den Flug!
Vorwärts, aufwärts,
nimmer der Tiefe und Höhe genug!

GOTTFRIED BENN

Da fiel uns Ikarus vor die Füße,
schrie: treibt Gattung, Kinder!
Rein ins schlechtgelüftete Thermopylä! –
Warf uns einen seiner Unterschenkel hinterher,
schlug um, war alle.

(1913)

GOTTFRIED BENN

Ikarus

I

O Mittag, der mit heißem Heu mein Hirn
zu Wiese, flachem Land und Hirten schwächt,
daß ich hinrinne und, den Arm im Bach,
den Mohn an meine Schläfe ziehe –
o du Weithingewölbter, enthirne doch
stillflügelnd über Fluch und Gram
des Werdens und Geschehns
mein Auge.
Noch durch Geröll der Halde, noch durch Land-aas,
verstaubendes, durch bettelhaft Gezack
der Felsen – überall
das tiefe Mutterblut, die strömende
entstirnte
matte
Getragenheit.

Das Tier lebt Tag um Tag
und hat an seinem Euter kein Erinnern,
der Hang schweigt seine Blume in das Licht
und wird zerstört.

Nur ich, mit Wächter zwischen Blut und Pranke,
ein hirnzerfressenes Aas, mit Flüchen
im Nichts zergellend, bespien mit Worten,
veräfft vom Licht –
o du Weithingewölbter,
träuf meinen Augen eine Stunde
des guten frühen Voraugenlichts –
schmilz hin den Trug der Farben, schwinge
die kotbedrängten Höhlen in das Rauschen
gebäumter Sonnen, Sturz der Sonnen-sonnen,
o aller Sonnen ewiges Gefälle –

II

Das Hirn frißt Staub. Die Füße fressen Staub.
Wäre das Auge rund und abgeschlossen,
dann bräche durch die Lider süße Nacht,
Gebüsch und Liebe.
Aus dir, du süßes Tierisches,
aus euern Schatten, Schlaf und Haar,
muß ich mein Hirn besteigen,
alle Windungen,
das letzte Zwiegepräch –

III

So sehr am Strand, so sehr schon in der Barke,
im krokosfarbnen Kleide der Geweihten
und um die Glieder schon den leichten Flaum –
ausrauschst du aus den Falten, Sonne,
allnächtlich Welten in den Raum –
o eine der vergeßlich hingesprühten
mit junger Glut die Schläfe mir zerschmelzend,
auftrinkend das entstirnte Blut –

(1915)

JOHANNES R. BECHER

Ikaros

Dramatisches Gedicht in drei Teilen

»...nicht alle sind tot, die begraben sind,
Denn sie töten den Geist nicht, ihr Brüder.«

Menschen der Handlung

IKAROS
DAIDALOS
HERAKLES

Vorbemerkung

Dieses dramatische Gedicht vollzieht sich in der Gegenwart. Die Namen bedeuten nur. Also Kleidung, Temperament, Raum und Ausstattung durchaus modern.

I

Zelle eines Gefängnisses, Labyrinth genannt
Ausblick auf tiefblaues Meer   Gebirg   Sonnenaufgang
Daidalos   Ikaros

IKAROS. So hilf doch Vater... Unerträglichkeit.
Verruchter Hund. Ein Henker: der Tyrann.
Und nie mehr Blau wie Enzian. Palmen-Schweifen.
Zinnobere Süße: Tanz voll Ewigkeit.
Und nimmer Abend-Sonne, Morgen-Sang.
Oboë zephirüberdachter Wiesen –
Nicht Licht noch Nacht. Nur gleiches Kerker-Grau.
Verlauste Pritsche. Napf voll Schimmel-Pest.
Mit Spinnen überzogene Wand. Geäst der Gitter.
Ein Ekel schwemmt. Wer schleppt sich da hindurch.
Quer Moder, Fäulnis, Abfall, Dunst, Verrat...
Ein Scheusal-Wächter. Kot und stumpfe Speise.
Heraus! Heraus! Empor ins Äther-Wallen.

Bin ich noch Mensch?! Schon Wahn-Sinn setzt sich an.
Gebeine spröd. Wie ausgeleiert. Brust verengt sich. Sträfling.
Das Antlitz faltet sich. Zerquetschte Frucht.
Anrennen gegen Mauern aus Granit.
Anspringen gegen Türen aus Basalt…
Der Tag ist aus. Verlöschte. Finsternis:
Zermalmt Gehirn… und nirgends guter Rat.
Kein Wort mehr fällt. Wie Donner Stimme hallt.
Vergrabt mich. Öde. Mensch genug. Zeug Licht.
Und Äther-Glanz! Anruf den Gott! Sein Feuer sprieß!
O Heimat-Ufer. Rinnend mystischer Bach.
Gezwitscher der Oasen-Vögel. Sternen-Baum.
Nun aber schattet's trüb. Hyänen bellen.
Ja Duft der Myrte: böser Eiter-Stank.
O! O! empor: zu lichteren Friedens-Sphären!
Nach Aufstieg unerhörtestem wütendste Sucht.

DAIDALOS. Gedanken bohre ich ja immerzu.
Gedanken brennen durch doch Erz-Phalangen.
Wir sind am Weg. Geduld. Bald bricht es aus.
Gewitter flügelnd rasen wir aus Gittern.
Dem Zug voraus der jauchzenden Partei!
Dort dehnt der Ozean sich. Sonn-Schild ob Häuptern.
Zerschmeiß, feg fort der Haft-Gespenster Pack.
Der Tag blüht neu. O Garten heil'ger Erde.
Sie töten nicht den Geist. Zeit Zeit mein Sohn!

IKAROS. Sie töten nicht… Ein Trägheit-Trost… Und töten
Und rauben stündlich doch… O Zucht der Gitter!
Verdammtes Felsen-Nest, ganz unergründlich.
Wie läßt sich's machen. Dräng. Sag an den Plan.
Spitz dein Gehirn. Zur Tat. Ström Gottes Feuer!
Erleuchte. Spring. Zerschmetterer der Gewalt.
In Fesseln Mensch erobere Gott im Geist.
O Vater: endlich! Endlichst! Durch und fort!
Hinein in den Tumult: Anführer. Winker.

Aufrührer wir! Empörer! Rebellion!!
Zerreiß! Dolch ins Tyrannen-Herz. Grab oder Freiheit.

DAIDALOS. Mein Sohn spricht recht… Hier rauschten nicht die Vögel.
Nicht Hain von Glocken schwer. Wo blieb Geläute.
Wo Straßen heiterer Hauch. Getrieb der Plätze.
Die Landschaft schwand. Der Wirbel-Guß der Stadt.
Nur Drachen Wut. Geziefer. Staub und Schwall.
Vier Jahre nun… Gedehnte Frist. Wer kann es fassen.
Welch Unmaß geiler Grausamkeit. Welch Fratzen-Spiel.
Grimassen-Zunder. Hölle ohn Vergleich.
Ein Tag: Unendlichkeit. Aus Graus und Schwarz.
Wer unter Menschen sinnt dies völlig aus.
Wer unter Menschen fühlt es schauernd nach.
Inbrünstig jenen Augenblick erbebend,
Da sich dein Tor eröffnet, zitternd… Mensch!
Wer unter Menschen weiß von Zellen-Nächten,
Von Tier und Einsamkeit, von Flucht und Stoß.
Wer kennt den schlaffen Tag… ja Zug um Zug
Den Atem schlürfend dringst du mählich weiter.
Und dennoch unausbleiblich kommt's. Am Ende steht's:
Wirr fühlbar nur: O Aufschlag des Portals!
Mein Sohn hat recht: ein Mensch. Ein tolles Zeug.
Ein Wirrwarr. Schnöder Kunterbunt. Was tut's?!
Ein böser Witz aus Götter Rausch. Ein Traum. Ein Stern-Gefunkel.
Ein Splitter Gottes. Eine jähe Nacht.
Die dünne Spanne zwischen Vieh und Held.
Ein Ausgang ohne Sinn… Ein blöd Beginnen.

IKAROS. Ein Ausgang ohne Sinn… Ein Rätsel-Fall.
Wie wend und überwäg ich's… Mensch, der Mensch ist gut.
Verzweifele nicht. Wie greift's mich. Helle strömt.
Der Mensch ist gut. Und Licht-Eroberer.
Schwellend

Wie nie ein Wesen auf... die Erde sinkt.
Die Kruste beult. Der Stoff zersetzt sich. Sprühung!
Leib bleibt. Und Sphären knittern. Firmamente drehen
Sich schimmernd unseren Schläfen... Throne stürzen
Und Throne heben sich, wir knieten tiefst!
Und Trümmer: Mosaik. Verfall: Triumph.
Wir münden ein. In Gottes Herz und Bucht.
O Einkehr, nie erträumte! Tausend Völker
Verschlingen sich zu fabelhaftestem Bund.
Die Kriege löschen aus. Vertilger wir der Morde.
Erbsünde glüht sich aus. Wir büßten deutlich.
Nun aber nennen wir uns einig Volk von Brüdern.
Und menschlich, keusch und fromm solch Neuer Tag!

DAIDALOS. So heißt es nur im Traum. Dies gilt nicht wirklich.
In unserer Dichter hymnischen Gesängen
Erscheint dies reine Bild, nach dem du schwärmst.
Gefährlich ist's, ein Rausch voll Gift, verlockend.
Ein schlimm Verweilen, ohne Nutz, nur störend
Ins Tage-Werk. Ein Blender der Prophet,
Der solches dir verheißt; verführt ein Volk.
Ein ausgeplündert Haus. Das Land in Brand.
Verfallen räuberischer Tat und Horden.
Du Mensch kehrst dich nicht drum. Dein Sinn heißt Krieg.
Dein Namen: Ohnefrieden. Dränger immerzu.
Unruh. Verwirrung. Nacht-Empfängnis. Sonnlos.
Ein Schweben, Schwanken zwischen Erd und Himmel.
Doch nie ein Rest. Nie ein Zenit. Nie Pol...

IKAROS. Mit nüchternem Verstand ist's nicht zu fassen.
Doch aus dem Herzen quillt's, und es bleibt wahr.
In aller Völker Mythe eingelassen,
In Tausend-Jahre Sehnsucht-Traum verwebt.
's ist unumstößlich. Unbedingt. Nicht abzuwenden.

Formt sich, wogt auf und wird: Ziel und Gestalt.
Was ihr auch zweifelt! Mensch sei Krieg,
Vernichtung,
Höllisch brutal… Ein Traum aus Gift und Mord.
Ein Unrat-Felsen. Schleuder Kots. Barbarisch.
: Vergangenheit. Doch Zukunft nennt ihn anders.
Säule aus Früh und Mittag. Brennendes Schild.

DAIDALOS. Verfluchter Wahn. Irrsinn. Und
Nacht-Erscheinung.
Denn dies bleibt immer: daß Kasernen blähen
Den grölenden Kommando-Bauch. Und Städte
klirrend
Zerfallen unter Bomben Fraß und Wurf.
Warum auch nicht. Der Mensch ursündlich Wesen
Vom Gott gezeugt: unsicherer Gewinn.
Ein Wurm der Nacht. Erblindet. Taub… und
fröstelnd.
Den Blick gerafft nach oben. Flüchtling. Freund.
Ein Ungeheuer. Ausgetriebener. Verbannt.
Die Züge böllern rings der Evakuierten.
Granaten fetzen, Messer quer den Leib.
Und Massengrab, Schlachtbank… und immerfort.
Dies ist ein Mensch… Und Wahn das Wort von
Heimat.
Betrug der Glauben. Ohnmacht-Trost. Der
Mächtigen
Gemein und offenbares Köder-Werk.

IKAROS. So glühte nichts. So wär der Raum verstopft.
Mit Eiterfülle, rings Skelett und
Nacht-Wind-Scheuche
!… doch nicht alle sind tot, die begraben sind,
Denn sie töten den Geist nicht, ihr Brüder…

DAIDALOS. Genug davon. Dies haben wir. Aus der
Verschwörung
Dies der Gewinn: Kerker auf Leben lang.
Wenn oft wir stritten, diese Zelle eint.
Hier die Matratze kettet Leib in Leib,
Gewaltige Herzens-Schmiede diese Gitter.

IKAROS. … hier triumphiert Gehirn, hier lobsingt Geist.
Die heiligen Oleander. Quellen zirpen.
Und Helios glänzt im Eis-Hauch des Olymps.
Arkaden blühn dir in Spiralen rings.
O ewiger Bronn. Altar geweihter Sitte.
O Tempel-Fries. Heroische Figuren!
Dies alles nicht entzwei. Wie schön bewahrt!
So singt dein Sohn, verruchte Zeit: o Überschwang!
Barbarentum zerschmilzt. O heiligste Scharen
Verweben sich dem Volk. Und Volk ersteht.
Kreuzzug des Geists. Unendlich Schwärme wallen
Empor, Blitz zischt und Dampf, aus Abgrund und Gefahr.
Gewaltiger Zug im Segen alter Götter,
Und Dichter schreibend magischen Berufs.
Gehißt. Signal. Und Flügel. Tösende Ekstasen.
Posaunen-Schmetterer. Engel des Gerichts.
Voll Halleluja. Lichtdurchpflügte. Berg-groß.
Tragödien türmen sich im Reich enorm.
Gesänge rollen. Donnernde Taifune.
Ein einig Vaterland. Geheg am Frieden, Glück.
Bezirk aus Fleiß und Wohl. Und jeder: glänzend.
Im Ganzen eingefügt. Blut-Hunde modern.
Und Generale tauchten grölend in den Grund.
Kasernen schweigen. Rülpsen nicht der Schächte,
Und Explosionen ebben… schmelzender Laut.
– – –
Und Philosophen schreitend wie bengalisch.
Und Maler brausen feuerigen Berufs.
Gerüste heben sich. Plakate brodeln.
Musik! Musik! Der Äther saust.
Die Berge wandern. Landschaft steigt gezüngelt.
Und Menschen! Menschen! Brüderlichst eröffnet.
Alarm der Guten. Herz-Werk, Gott erbraust.

Schrille Klingel
Lärm ungezählter Schritte

DAIDALOS. Jetzt still. Mach, in den Hof. Man dreht sich schläfernd

Und wie ein Vieh, Grimassen-Karussell.
Im Gänse-Marsch. Und Fenster-Gitter dringen
Herab ein Horizont voll Netz… Kein Tag. Gebet.
Türe aufgerissen Aufseher Ab

II

Gefängnishof Gitterfenster Die Gefangenen Aufseher
CHOR DER GEFANGENEN. Schritt für Schritt.
Im Gänse-Marsch.
Drei Schritt Abstand.
Vorneweg. Hinterher.
Aufseher treibt dich wie stumpfes Vieh.
Mit Messer und Revolver bewaffneter Aufseher.
Immerzu.
Kein Baum, der lacht.
Und Sonne nicht, und Licht sagt nein.
Nur Fenster-Netz hängt dicht herein.
Und Gräber öder Totenschein.
Dort wird die Guillotine aufgemacht.
Man hat geraubt. Dort wandelt der Betrug.
Dort stolpert Mord. Hier Bauch des Attentats.
Der Alte dort verschluchzt im Sohn:
Verschwörer-Pack.
Und doch: o Licht o Luft o Herrlichkeit.
Rotunden. Hof dehnt sich zum Welt-Raum weit.
Wir schreiten aus! Wir schreiten.
Gewitter treibt im Zorn der Zeit.
Gott gell aus unseren Martern schreit.
Trotz Fluch und Schmach, Verbittertheit:
Er muß, er wird uns leiten!
IKAROS. Ja: milder Duft! O Tau der Gruft!
Mich zündets an. Schon Schweben.
Die Sonne lenkt sich durch die Luft,
Gewölbe sich zerheben.
Dort rauscht ein Quell, und lichte Schar
Von Brüdern, Menschen selig klar.
O Zukunft! Freiheit! Leben…

DAIDALOS. Verfinsterung. Nur Wahn und Nacht.
Gefangener im Fenster lacht.
Die Mauer trieft von Füsilladen.
Gewehre rings im Horizont.
Kommando-Ruf. Und Trommel-Mond.
Nicht Brüdertum. – Soldaten!
Hah Bajonett! Und Marschgetut.
Der Mensch schmatzt: Blut.
... vergeblich, Kameraden...

AUFSEHER. Vorwärts! Marsch! Und ohne Wort!
Spion und Mord:
Abstand gehalten! Auseinander!
Heh junger Mann,
Ein in den Kreis!
Es wird gleich Zeit. Noch fünf Minuten.

CHOR DER GEFANGENEN. Hinein in Mauer-Zelle. Staub und Schutt.
Wo Schimmel wächst an bleicheren Wänden.
Wir würgen. Beben. Leiden.
Der Tag ist aus. Und Tag gleich Nacht.
Die Jahre brodeln. Fahl Minuten.
Der Tod, der Tod zerstört uns nicht.
Der Tod wird neu uns fassen.

IKAROS *ab*. O falbe Stunde! O Vergänglichkeit.
Nun wird bald Mond in unseren Zellen glühen.
Dann an die Arbeit. Meer tönt breit.
Und uferlos. O ewige Melodieen.

III

AUFSEHER. Hier nicht und dort nicht. Im Saal nicht.
In der Zelle nicht. Leer der Hof. Entkommen –

Kurze Pause   Armesünderglocke   Trommeln

(1918/19)

CHRISTIAN MORGENSTERN

Ikariden

Er trinkt zu viel, sein Auge schwimmt
in Wonnen zu gemeinen Wohls:
Er bleibt, so hoch den Flug er nimmt,
ein Ikarus des Alkohols.

(1902/20)

RUDOLF ADRIAN DIETRICH

Wie zu gläsernen Scherben zerbrachst du meine Blicke
denn meine Blicke suchten dich
meine Sehnsucht schlugst du in blutige Stücke
warum verwirfst du mich?

Flügel hatte ich aus meinem Herzen gebreitet
in der Höhe zu erfliegen dich
dein heller Glanz hatt' mich verleitet
warum verwirfst du mich?

Warum / o Gott / zerbrachst du meine Schwingen
mit deinem metallenen Licht
daß mein Flug Sturz ward und Geschrei mein Singen
nun mein Herz hockt auf Krücken aus geschändeten Dingen
und find't dich nicht

(1919/34)

LAURO DE BOSIS

Icaro

Szene aus dem Schlußakt, in der der eben in Kreta gelandete Theseus dem Tyrannen Minos und dessen Gefolge – darunter Dädalus – von seiner Begegnung mit Ikarus auf hoher See berichtet.

FEDRA. Principe, dimmi, non hai visto nulla
navigando pel mare?
TESEO. Un gran prodigio
vedemmo tutti.
FEDRA. O benedetto! Parla.
TESEO. Si scorgea già di lungi il vostro regno
quando, vincendo il turbine di Borea,
vedemmo in alto fendere la volta
del cielo un che di simile a un'immensa
aquila bruna, ma d'umane forme
mista e tutti gridammo: ›Ermete, Ermete!
l'aereo araldo da l'Olimpo scende!‹
Ma un uomo era, se pur uomo chiami
chi si fa pari degli dei. Le grandi
ali agitando con erculea possa,
venia, stupendo ne la grande luce.
I miei compagni si gettaron tutti
proni adorando ed io levai le braccia
a l'uomo-dio, chiamandolo: ›Signore
degli abissi intangibili, chiunque
tu sia, mortale o sempiterno iddio,
parlami!‹ Ed egli, turbinando l'ali,
gridò: ›Fratello, verso quali porti
navighi?‹ Ed io a lui: ›Verso la Morte.‹
Batté l'ali e gridò: ›Dove?‹ Io risposi:
›Vado a morire per la patria, dentro
il Labirinto di Minosse.‹ Ed egli:
›Chàire, fratello! ma resisti al Fato!

Questo è il messaggio d'Icaro: combatti!
prendi la Morte pei capelli e vinci:
Thànato è belva che si doma!‹ Poi
diè un colpo d'ala e s'affisò nel sole.
Nel vento etesio remigando, ascese
pari ad un nume verso l'alto, tanto
che appena un punto ci pareva. Tutti
in ginocchio preghiere levavamo
fieri anche noi di tanto umano ardire.
Poi…

FEDRA. Parla! Parla!

TESEO. … lo vedemmo a un tratto
mentre saliva, principe de l'Etra,
pur nel limpido cielo come fosse
da le folgori avvinto… E, roteando,
cadde…

DEDALO. Straniero, cosa dici!

TESEO. … giú
precipitando nel purpureo mare!

TUTTI. Numi!

TESEO. Piegando la mia nave io corsi
là dove, molli di tra l'ali aperte,
a fior de l'onde le sue pure membra
erano; quasi ricomposte in lene
pace e pareva di tra l'ali un bianco
giglio del mare. Dèspota! io ti porto
la sua spoglia mortale. E tu, chiunque
ei fosse, dàgli come a un dio sepolcro.

Il gruppo si aprirà mostrando il corpo su una lettiga. FEDRA *si precipiterà verso il morto*

FEDRA. Icaro!

DEDALO. Figlio mio! questo il mio sogno?

(1927)

PHÄDRA. Fürst, sage mir, hast du nichts über das Meer segeln gesehen?

THESEUS. Ein großes Wunderzeichen haben wir alle gesehen.

PHÄDRA. O Gepriesener sprich!

THESEUS. Man sah von weitem schon Euer Königreich, da sahen wir, als wir den nördlichen Wirbelwind überwanden, etwas hoch oben die Himmelswölbung durchdringen. Es glich einem braunen Adler und besaß doch menschliche Formen und wir schrien alle: »Hermes, Hermes! Der himmlische Bote steigt vom Olymp herab!« Aber es war ein Mensch, wenn man Menschen einen nennen kann, der sich den Göttern gleich macht. Die großen Flügel mit herkulischer Kraft bewegend, kam er, wunderbar in dem großartigen Licht. Meine Gefährten warfen sich alle nieder, und ich hob die Arme zu dem Gottmenschen und rief ihn so an: »Herr der unberührbaren Abgründe, wer auch immer du seist, ein Sterblicher oder ein unsterblicher Gott, sprich zu mir!« Und er schlug die Flügel und rief: »Bruder, zu welchen Häfen steuerst du?« Und ich antwortete ihm: »Zum Tod«. Er schlug die Flügel und rief: »Wohin?« Ich antwortete: »Ich werde sterben für das Vaterland, im Labyrinth des Minos«. Und er: »Heil, Bruder! Aber widerstehe dem Schicksal! Das ist die Botschaft von Ikarus: Kämpfe! Nimm den Tod bei den Haaren und besiege ihn: Thanatos ist eine Bestie, die man zähmt!« Da machte er einen Flügelschlag und flog in die Sonne. Im Nordwind heftig rudernd, stieg er einem Gott gleich in die Höhe, bis er uns nur noch ein Punkt schien. Kniend verrichteten wir Gebete, selbst stolz über so großen menschlichen Wagemut. Dann…

PHÄDRA. Sprich! Sprich!

THESEUS. … sahen wir ihn auf einmal, als er, der Fürst der Lüfte, in den hellen Himmel aufstieg, als ob er von den Blitzen besiegt würde und wirbelnd stürzte er.

DÄDALUS. Fremder, was sagst du?

THESEUS. Nieder stürzte er kopfüber in das purpurne Meer.

ALLE. O Götter!

THESEUS. Ich wendete mein Schiff und eilte dorthin wo zwischen den ausgebreiteten weichen Flügeln auf den Wellenkronen seine reinen Glieder lagen, als wären sie neugebildet in sanftem Frieden, und er schien zwischen den Flügeln eine weiße Seerose. Herr, hier bringe ich dir seine sterblichen Überreste und, wer auch immer er war, gib ihm das Begräbnis eines Gottes.

Die Gruppe öffnet sich und macht einen Körper auf einer Bahre sichtbar.

PHÄDRA stürzt sich auf den Toten.

PHÄDRA. Ikarus!

DÄDALUS. Mein Sohn! ist das mein Traum?

FRITZ DIETTRICH

Die Flügel des Daidalos

Schluß der Tragödie

Daidalos und Ikaros mit Flügeln treten auf.

DAIDALOS. 's ist Zeit! Der Wind begehrt uns fortzutragen.
Was nur den Traum belebt, geschieht nun wahr.
Wir lösen aus den Fesseln uns und fangen
Ein Leben an, das keiner noch geschmeckt
Und nur auf Bergesgipfeln vorgenossen.

IKAROS. Gäbs auf der Erde kein geflügelt Wesen,
Nur Laufendes und Kriechendes, wer weiß,
Ob uns der Gott gestattet', anzutreten
Den Wettlauf mit den Wolken und dem Wind.
Denn nur, was er aus seinem Sinn entlassen
Und freundlich unsrer Ordnung einverleibt,
Das dürfen wir uns nachzuahmen wagen.

DAIDALOS. Vielleicht auch das nicht.

IKAROS. Hätten uns die Götter
Die List der Vögel freundlich offenbart,
Wenn sie den Äther uns versperren wollten?

DAIDALOS. Wer weiß. Oft lockt man Gegner in die Burg
Mit Freundeswort, um sie dann umzubringen.

IKAROS. O Daidalos, o Meister, frevle nicht!
DAIDALOS. Es liebt der Gott den Menschen in der Qual
Und bannt ihn so an Tempel und Altäre.
Dann läßt er ihn für eine Weile laufen
Wie eine Maus, wenn es der Katz gefällt.
So kann inmitten der Gefangenschaft
Die Hoffnung Herold sein für neue Schrecken.
IKAROS. Verscheuch die Wolken, daß wir fliegen können!
DAIDALOS. Ein neues Leben, ein ganz neues Leben,
Das von dem alten dunklen nichts mehr weiß,
Möcht ich erfliegen. Einzig du sollst bleiben,
Der dies zu wünschen mir den Mut verleiht.
Und der den Dämon meiner Kunst verbannte,
Apoll, er kann nicht hindern, daß die Kraft,
Die eingeengte, auf der Winde Schultern
Sich herrlich ins Unmögliche erhebt.
Versperrt ist jeder Weg, der anders führt.
So mögen denn die Lüfte uns verwandeln.
IKAROS. Notos, der mit dem Wüstenhauch ist da
Und rüttelt ungeduldig an den Schwingen.
Wir werfen uns hinein und reichen schon
Ans eherne Gewölbe, da kommt Zephir
Und nimmt geschwinde uns dem Bruder ab.
Ein Sturm ists, regenmähnig, denn die Schwestern,
Die grauen Weberinnen, fliegen mit
Und salben ihm die wildzerzausten Locken
Und dämpfen ihm das ländertolle Blut.
Die blinde Nässe hat die Sicht genommen.
Wir fliegen, fliegen, doch erlahmen nicht.
Denn Euros trocknet, der gewandte Mann,
Die schweren Flügel, zieht die Weberinnen
Beiseite und eröffnet uns den Blick
Und schärft ihn uns für ungeheure Tiefen.
DAIDALOS. Halt ein und hör! Du kennst die Mächte nicht,
Die sich dazwischenstellen, wenn wir fliegen.
Das glühende Gestirn kann dir die Flügel
Absengen wie dem Falter, der zur Nacht
Dem Licht zu nahen seine Lust nicht zähmte.

Und schon die Nähe, schon das Lichtgetöse,
Das um die Sonne herrscht, erweicht das Wachs
Und löst im Nu die Ordnung in den Federn.
Die andre Macht heißt Erde, lauernd schaut sie
Herauf und möchte unsern Sturz erzwingen,
Stellt klippengleich ins Luftmeer Bergesgipfel
Und hüllt sie trügerisch in Nebel ein.
Dem Meer, der Macht Poseidons, halt dich fern!
Er rast und tobt mit triefendem Gesichte,
Weil wir die dunkelgrüne Kammer meiden,
Die sonst Verzweifelte zur Ruhe bringt.
Selbst wenn es still liegt, trachtet es danach,
Dein Schwingenpaar mit schwerem, salzigem Hauche
Dir zu durchsetzen und herabzuziehn,
Daß es der letzten Sättigung verfalle.

IKAROS. Nur Kühnheit überwindet die Gefahr.

DAIDALOS. So sicher sind die Wolkenpolster nicht,
Daß sie uns wie betrunkne Schwärmer tragen.

IKAROS. Es ehrt der Mutige die Götterschaft
Und lockt sie, sein Geschick zu überdenken.

DAIDALOS. Prometheus' ganzer Jammer bürgt dafür!

IKAROS. Der Frevel war es, der Prometheus antrieb!
Uns treibt die Not, drum steht ein Gott uns bei.

DAIDALOS. Dein Glaube bricht wie eine neue Sonne
Zuweilen durch die Wolken meiner Furcht,
Die immer wieder sich zusammenziehn.
Weh mir, wenn du, gestürzt von Götterhänden,
Am Boden aushauchst und zerzaust die Federn
Im Staub sich wiederfinden da und dort,
Wenn deine Schwingen gar zu schwach gewesen –
Ich wälzte gern das Leben mir vom Leib!
Nur weil du bist, getrau ich mir zu atmen.

IKAROS. Nicht doch! Nicht doch! Wir wagens und gewinnen
Den Vater Äther allezeit für uns!

DAIDALOS. O Ikaros, laß uns die Schwingen tauschen!
Die meinen tragen sicherer dich hin.

IKAROS. Du bist mein Meister, ich gehorch dir gerne!
DAIDALOS. Bedenk, du fliegst mit meiner Seel' dahin!
Sie tauschen die Schwingen
IKAROS. Die Götter schaun uns an! Wir kommen, kommen!
Macht euch uns ähnlich, daß wir euch erkennen,
Und ähnlich auch dem unsern euer Herz.
DAIDALOS. Beschwör sie nicht! Denn sieh: mein Herz ist dunkel!
IKAROS. So tauch es gläubig in den Äther ein!
DAIDALOS. Mein Ikaros!
IKAROS. Mein Meister! – O – ich schwebe!
Beide fliegen ab
Königsburg zu Knossos. König Minos und sein Kanzler.
KANZLER. Die Fischer warn bestürzt. Ein helles Singen
Drang vom Gewölb herab, als trüg ein Gott
Den Menschen seine heilige Satzung vor.
Es sang der Knabe Ikaros im Fluge.
Doch als ihr Blick, der selten irrende,
Zwei Menschenvögel sah, da schrien sie auf,
Als seien die Sirenen aufgebrochen
Von ihrem Eiland, weil kein Opfer kam,
In weiten Meeren neue sich zu suchen.
MINOS. Und konnten sie den Absturz dir bezeugen?
KANZLER. Sie konntens. Denn indem sie die vermeinte
Gefahr im Aug behielten, sahn sie alles:
Voran flog Daidalos, sein dunkler Schatten
Glitt hin von Well zu Welle übers Meer,
Und hinter ihm schlug Ikaros die Lüfte
Voll Ungeduld und stieg zur Sonn empor,
Bis er der Nachschau jedes Blicks entzogen.
Und während noch die Fischer auf der Heimfahrt
Zur Küste das Geschehene besprachen,
Schoß mit der Schnelle eines Sternenbotens
Ein dunkler Körper klatschend in die Flut.
Denn auch tagsüber sausen die Gestirne,
Sich reinigend, im lichten Äther hin.
Doch dann, als hätten Vogelgötter sich

Mit einemmal gemausert, fiel ein Regen
Von Federn und bedeckte Meer und Schiff.
MINOS. Und Daidalos?
KANZLER. Und Daidalos flog weiter:
Er glaubte seinen Schüler hinter sich.
MINOS. Wenn er sein Antlitz wendet, ists geschehn:
Die Leere starrt ihn an, das ungeheure
Fangnetz der Götter, dem wir nicht entgehn.

(um 1933)

JOHANNES R. BECHER

Dädalus und Ikarus

Auszüge

I

Der Vater hatte sie vom Schlaf erweckt,
Mit offenen Augen lehrte er sie sehen,
Sie blickten in die Ferne, in die Nähe
Zugleich, und manche blickten tief hinab,
Der Seele auf den Grund; nicht jeder hielt
Den Blicken stand und wandte ab die Augen,
Wenn ihn das neue Sehn der Statuen traf.

VII

So wuchs der Knabe auf, die Galerie
Der Sehenden oftmals betrachtend: Blicke
Verfingen sich, gerieten ineinander,
Daß er die seinen nicht zu lösen mochte
Von all den andern... Starr auf ihn gerichtet,
So schienen ihm an manchem Tag die Augen

Der Statuen, und sie geboten ihm,
Ein Großes zu vollbringen, gleich dem Vater.

VIII

Es sah der Sohn den Flug der Blicke, sah
In unermessene Fernen sie entschwinden,
Als eilten sie dem Menschen weit voraus
Und ließen ihn zurück in seiner Schwere,
Und auch die Zeit, die düstere, durchdringend,
Erhoben sich die Blicke, welch ein Flug –
Mit seinem Blick die Götter zu erreichen,
Den eigenen Blicken nachzuziehen in
Das Grenzenlose – davon träumte er.

IX

Es hoben sich die Schultern, wenn er schritt,
Sein Atem trug ihn, mit den Armen schlug
Er wie im Takt, als wären Schwingen ihm
Gewachsen, und der Wind unter den Flügeln
Zog sanft ihn hoch, dort kreiste er im Blauen,
Verschwebte mit dem Äther, wurde selbst
Ein körperlos Gebilde... Alle schauten
Zu ihm empor, dort trafen ihre Blicke
In ihm zusammen, und sie winkten ihm
Mit ihren Blicken, sie, die Sehenden,
Und nannten ihn den Flügelhelden, priesen
Den Schwebenden, der von der Erde sich
Erhoben hatte und, den Göttern gleich,
Den Raum durchstürmte, neuen Zeiten zu.

X

Er hatte sich die Flügel schon gebaut
Und stand hoch oben auf dem Felsen, der
Zum Meer abfiel. Nun war der Sprung zu wagen
In den verschwimmend blauen Grund, die Feste

Der Erde wich, den felsenharten Boden
Berührte er noch einmal wie zum Abschied.
Und spürte: aller Zeiten Blicke waren
Auf ihn gerichtet, wie um mitzusehen
In seinem Blick, an seiner weiten Sicht
Auch teilzuhaben… Schweigend trat er hin,
Trat vor bis an den Rand, und stürzte sich
Mit einem hellen Schrei ins Ungewisse.
Da schwebte er, es wölbte sich ein Wind,
Um ihn zu tragen, und die Sonne strahlte
Vor Freude auf, die Möwen aber kurvten,
Um ihn, den Flügelmenschen, zu begrüßen –
Und unten war das Meer bewegt und schmückte
Mit weißen Schäumen sich, Delphine tanzten…

XI

Er aber sah und sah… Ein neuer Blick
War in die Welt gekommen, überspannte
Die Weiten, und die höchsten Gipfel lagen
Tief unter ihm. Es rauchten die Vulkane
Und spieen Feuer, und die Flüsse zeigten
Den vielverschlungenen Lauf, darin die Schwärme
Der Fische tummelten sich schattenhaft.
Er sank, da war's, als ob die Wälder schwellend
Anstiegen… Stieg er, sanken hin die Fluren,
Zurückgeschnellt… So ruhend war sein Schweben,
Als würd er unbewegt im Weltraum sich
An seinen Flügeln halten… Wolkenburgen
Umschlossen ihn mit wehendem Gemäuer
Eisiger Nebel, wieder trat er schwebend
Hervor aus dem Verlies und kehrte in
Die Bläue wieder, und die Sonne flammte.
Da aber wandte er sich ab, der Adler,
Der bisher mitflog. Solcher Höhen war
Er ungewohnt, und auf die Erde nieder
Stieß er, wie um sich schnell davonzuretten.
Indes der Flügelmensch entschwebte in

Die wolkenlosen Höhen, nur ein Flimmern
War fern die Erde noch – o welch ein Schauen!
Und Leere war. Nicht ragten dort die Säulen,
Nicht wölbten sich die hohen Hallen der
Unsterblichen, der Götter… Hatte er,
Der Sohn der Erde, ihren niedern Himmel
Hoch überflogen, ihn selbst überwachsen,
Den Wolkensitz, der Throne allerhöchsten?
So wuchs das menschliche Geschlecht, so reichte
Es unermeßlich in den blanken Äther…
Es war, als flögen Scharen hinter ihm
Und folgten ihm dort von der Erde her
Im kühnen Absprung von gezackten Felsen –
Er aber flog, weit vorne an der Spitze.
Ein fliegendes Geschlecht war aufgebrochen,
Den Weltraum zu erkunden, der Gestirne
Glanzvolles Rätsel löste sich – da sah
Der Sehende, wie sich die Scharen teilten
Und stürzten aufeinander, so, als wäre
Entbrannt im Äther eine tolle Schlacht.
Von Leibern brachen Flügel, Klumpen sausten
Die Leiber abwärts. Wie mit Schnäbeln hackten
Sie aufeinander, schwangen sich in Kurven,
Sich unterfliegend und sich überhöhend,
Umklammernd sich mit unsichtbaren Griffen,
Und drückten sich bis auf die Wellen nieder,
Und aus der Sonne brachen sie hervor
Und sprangen auf sich los mit Feuerstößen…

XII

Sie schauten nach ihm aus, die Sehenden,
Und nirgends eine Spur. Am Himmel nicht
Und auf der Erde nicht. Im Meere wühlte
Ein Sturm, wie suchend in den Meerestiefen –
Die Flügel aber trieben auf den Wellen…

(1939/41)

STEPHAN HERMLIN

Ballade vom Gefährten Ikarus

Dem Gedächtnis meines Bruders
Alfred, der den Fliegertod starb.

Rosen versteinerten grün im Schreien der Pfauen
Durch die schwierigen Türen taute Musik
Aus dem Zwielicht grüßte beginnendes Grauen
Vogelflüge darin ich fahl mich verstieg

Maß schon da deiner Wimper Unschuld Maschine
Hebel Gestänge im äschernen Hause der Nacht?
Zärtliches schmales Gespenst auf verdunkelter Bühne
Unsrer Verzweiflung das süß die Ängste bewacht

Süß unsre Ängste süß unsre letzte Verwaisung
Hold war die See dir Hold noch entblätterter Baum
In deinen Brauen schmolz eine Sonne Vereisung
Ruhte die Rache und schlief der bezauberte Raum

Dämmer vor Nacht O geruhsam tönende Flöte
In der Gewitter farbig entflammtem Gesträuch
Wie schlief ich sanft in die unaussagbare Röte
Heidnischen Morgens in der Stille Geräusch

Ikarus! Wohin ist deine Stimme gegangen?
Wandert sie klagend in meines Bluts Labyrinth?
Als wir von falschem Traume lügend umfangen
Endlich erwachten weinte ferne ein Kind

Strauchelnder Fuß stand bestürzt auf sterbenden Blüten
Die gleich Niobes Tränen versehrte das Wachs
Wird der Archipelagus dein Sterben behüten?
Küßt dich im klirrenden Fjord der weißzahnige Lachs?

Weißt du noch Ikarus... Aus dem verbrannten Getriebe
Ging unsre Scham unser Schweigen in donnernde Flut
Warum sagtest du mir nicht daß ich dich liebe?
Wo verlangt nach mir nun dein beruhigtes Blut?

Ikarus! Warte auf uns! In entflammender Schwinge
Trugst du den Wind des Erinnerns in unser Gebiet!
Grüße uns Stürzender aus dem entferntesten Ringe
Hold unserm Auge das aus den Ebenen flieht!

Ikarus! Warte auf uns! Im Gestirne zu heilen
Hebt uns die steuernde Hand wo die Höhe befreit
Feuriger Regen in dem wir lächelnd verweilen
Auf dem erfüllten Gelände Unendlichkeit...

(1944)

MAX WERNER LENZ

Ikarus

Abgestürzt, das ist das Ende!
Abgestürzt – ich hab's gewagt,
hab' mich in die Luft geschwungen!
Abgestürzt – ich hab' versagt.
In den Himmel wollt' ich schweben
zum Olymp, das war mein Ziel.
Bei den Göttern wollt' ich leben –
abgestürzt – ich fiel – ich fiel!

Tod war das Ende.
Im Drang nach den Höhen
mit gebreitetem Flügel
die Erde zu sehn,

wie Götter sie sehn,
tief unten Gelände
und flutendes Meer.
Tod war das Ende.

Euch ging alles in Erfüllung,
donnernd jagt ihr durch den Raum
über Länder, über Meere,
schaut hinauf, es ist kein Traum!

Euch war's beschieden.
Im Drang nach den Höhen
über Täler und Hügel
mit gebreitetem Flügel
die Erde zu sehn,
wie Götter sie sehn,
im strahlenden Frieden
im glücklichen Land.
Euch war's beschieden.

Aber als die Nächte kamen,
jene Nächte ohne Licht,
als der Tod mit tausend Flügeln,
ohne Augen und Gesicht,
brachte Brand und wilde Schreie,
Schrecken über Mensch und Tier,
unauslöschliches Entsetzen –
abgestürzt – das seid auch ihr!

Ihr seid verloren,
wenn nicht die Wende,
Erwachen euch rettet
aus dem Wahn, der euch kettet.
Sonst stürzt eure Welt
und alles zerfällt
was je ihr geboren.
Setzt endlich ein Ende –
oder ihr seid verloren.

(um 1945)

V

Utopisten. Ikarus in der deutschen Dichtung der Gegenwart

Wolfgang Mattheuer: Seltsamer Zwischenfall.
Linolstich. 1980.

ERNST JANDL

Ikarus

Er flog hoch
über den anderen.
Die blieben im Sand
Krebse und Tintenfische.
Er flog höher
als sein Vater, der kunstgewandte
Dädalus.
Federn zupfte die Sonne aus seinen Flügeln.
Tränen aus Wachs tropften aus seinen Flügeln.
Ikarus flog.
Ikarus ging unter.
Ikarus ging unter
hoch über den anderen.

(1954)

INGEBORG BACHMANN

Die blinden Passagiere

Auszug

Ich hörte den Herrn, der neben mir saß, mit dem Kind auf der anderen Seite sprechen. Der Gang lief zwischen den beiden durch, aber der Herr griff jetzt mit der Hand hinüber, nach der Lehne des Sessels, in dem der Junge saß. Das Kind fragte: »Wie aber sah das Ding aus? Wie ein Vogel?« Der Herr, den ich für den Vater hielt, sagte: »Er band sich Wachsschwingen an die Schultern. Da mag er wohl wie ein Vogel ausgesehen haben.« Das Kind: »Oh! Wie ein Engel!« Der Vater: »Engel haben keine Wachsflügel.« Das Kind: »Er flog?« Der Vater: »Über das Meer.« Das Kind: »Und?« Der Vater: »Die Flügel schmolzen in der Sonne.« Pause. Der Vater: »Er wollte eben fliegen.« Das Kind: »Wie konnte er nur! Ein Herz ist kein Motor. Hast du schon ein Herz dröhnen gehört?« Der Vater: »Nein.« Pause. Der Vater, sich verbessernd: »Ja. Manchmal habe ich es dröhnen gehört.« Das Kind, mißtrauisch: »Wenn du geflogen bist?« Der Vater: »Ja.«

(1955)

ERICH ARENDT

Ode IV

... dem die Welt zerbrochen,
von neuem gelang, Picasso

Nachtwind der Erde
im schreienden Mund, da alle,
des Himmels Sensen feuriger sangen,
Ikarus sah, Rotflügelnde,
dein offenes Herz.
Und erst im Todkuß
wußt er's: Nicht genügt,
meerschwalbenhaft, ein Sehnen,
und des Taggewölbten Zorn, er kennt
keine Nachsicht. Wie
der Papyrus unsres kindlichen Wissens
zerloht! Je höher du
je tiefer du dringst und es pochen

um dich die Herzkammern des Alls gewaltiger,
um so schmerzender muß, bis ins Innerste
abgründig deine Helle sein.
Das leiseste Schwanken magnetischer
Nadel, unvorhergesehen, deines Wissens –
und schon überm spaltenden Scheitel der Bäume
verlöscht dich, der die Sterne
wie Blätter treibt,
weltengrauer Wind.

Wie die Mohnblüte
der unsterblichen Liebe
in Flammen verhaucht: aschenlos –
Ikarus, dein Erkennen war.
Greifen ins Leere!
Sonnentode, jähes
Sterben im Blau!

Und dennoch! um wieviel geborener stündlich
zu leben ist's
an Gestaden, hell von Traum
und Zeugung, denn im Todesgedörn
der alten Angst. Wohl nackengewaltig,
vor dem offnen Himmel deiner Seele,
niederstampfend, was deine Finger
schmal erbaut,
der fühlsamen Sterne Stadt,
brüllen die Stiere.

Doch hielt die Schönheit immer
den tieferen Spiegel vor... und da
den Tiergrund seines Augs
der Rasende sah: Krallen
Glied und Mord, zerbrach
der minotaurische Blick ihm.
Und wie am Morgen nach erdverbißnem Sturm,
der im Delta deines Blutes
die Ähren zerschlug,

am Himmel glänzte
die Träne.

Die flügelrote Stunde aber,
wo blieb sie
und ihr Gesang?
Noch greift des Schattens körperlose Hand
aus ungeschlachtem Fels: zerrend! –
Daß in der Nacktheit du
des Lächelns stehst, laß fallen
den Mantel, und tief
im Licht der Zeugung! Meer
der ungebrochnen Schönheit,
das der Säulen Häupter trägt
und unsres Tages Dauer!
Da in
den Schluchten Vergänglichkeit
erschaffende Hände wehn,
nun birgt der Baum der Trauer
überwache
Stille.

Über die Welt
aber wandert
das ewig einsame
Auge.

(1956)

ERNST SCHNABEL

Ich und die Könige. Projekte, Zwischenfälle und Resümees aus dem Leben des Ingenieurs D.

Im Kapitel »Ermunterungen zu einer Reise«, aus dem hier Auszüge folgen, erzählt D. seinem toten Sohn Ikarus, wie es zur Erfindung der Flügel und zum tödlichen Unglück gekommen ist.

(1) Anfang des Kapitels: Ach, ich schreibe schlecht. Aber kann man die Welt erzählen? Und gibt es Worte für die Zeit? Die heimlichen Sekunden ticken; die Berge stehen unaussprechlich still. Es lohnt sich kaum, dich länger aufzuhalten.

Du bist nun lange tot und hast dich sicherlich schon eingewöhnt. Daß es so früh geschehen würde, konnte keiner wissen. Du warst zehn Jahre alt. Ich ahnte es auch nicht, als ich dir die Anweisung für unseren Flug gab. Da ich aber denke, daß du mir zustimmst, wenn ich sage: du warst erwachsen, wenigstens für einen Augenblick, du warst Ikarus! – darf ich wohl hoffen, daß du mir meine Flüchtigkeit verziehen hast. Ich hätte wissen müssen, daß es ein Licht gibt, das die Gestirne in den Schatten stellt, doch man bedenkt nicht immer alles.

Was mir den größten Ruhm einbrachte, war dein Untergang. Dabei war die Erfindung ein reiner Zufall: Es regnete die Federn aus dem Himmel. Das grüne und metallische Geflimmer an ihnen verlor sich schnell. Sie waren schon ganz schwarz, als ich sie dann mit Pech und Faden fest zusammenband, so daß sie wieder trugen. Ich hatte nicht daran gedacht, dich mitzunehmen. Ich wollte dich noch einmal sehen. Aber Naukrate hat dich so leicht hergegeben. Sie bat mich:

Lass' es ihn doch versuchen!

Wir standen auf dem Dach des Labyrinths. Ich zögerte, doch ihre Sicherheit hat mich dann angesteckt. Ich schnallte dir die Flügel an die Arme, und du bewiest sofort, daß du schon fliegen konntest. Du warst ja Talos so weit überlegen! Wenn ich an seine nackten Arme denke, als er sprang... was für ein Fortschritt! Und als du dich vom Dach erhobst, leicht wie die Luft, schrie Naukrate auf. Ich hielt ihr schnell den Mund zu:

Still! Du verrätst uns ja!

Hast du es denn gewußt?

Sie fragte es in meine Hand hinein; die wurde warm davon. Ich sagte:

Das konnte man nicht wissen.

Man hätte es doch ahnen müssen! rief sie. Ich gab sie frei.

Ich machte in derselben Nacht das zweite Flügelpaar, und am nächsten Tage habe ich dir gesagt:

Wir warten, bis es dunkel ist. Schlafe solange. Wir werden vierundzwanzig Stunden unterwegs sein, ehe wir das Land erreichen, und nicht jede Klippe eignet sich für eine Landung. Hab' keine Angst! Ich werde ein Auge auf dich halten. Doch wenn uns auf dem Fluge etwas trennt – man muß mit allem rechnen –, so fliege nicht zu niedrig, daß dich der Gischt nicht trifft, und nicht zu hoch. Es kostet dich nur Kraft. Vor allem aber: Schau' nicht in die Sonne. Sie blendet dich. Sieh nur auf mich und auf den Großen Bären. Dort steht er. Präge dir die sieben Sterne ein. Sie sind deutlich genug, daß du sie nicht verfehlen kannst, auch nicht, wenn Tag ist.

Du nicktest, so daß ich dachte, du hättest mich verstanden.

Wir stiegen kurz nach elf auf, und es war eine schöne Nacht zum Fliegen. Über Kreta roch es nach Wald und Pilzen, später nach dem Meer. Am Morgen warst du noch an meiner Seite. Und was ist dann geschehen? Ich flog zurück, als ich dich nicht mehr sah. Ich flog im Kreise, bis ich die Federn auf der See gewahrte. Da schwappten deine schwarzen Flügel auf den Wellen. Ich stürzte mich hinab. Sie waren ganz zerzaust. Ich rief nach dir, doch keine Antwort und auch keine Spur. Nur Federn, die auf den Wellen wippten. Was war es? Warum sagst du nichts?

Nach Mittag sprang der Wind um. Ich gab die Suche auf. Ich gab auch Griechenland auf. Ich flog nach Westen, wo mich keiner kannte, und ich vollendete den Flug. Ich habe immer alles ausgeführt. Ich landete bei Cumä. Ein halbes Jahr durchstreifte ich Latium und die Campania und wußte nicht wohin, bis mich am Ende Circe bei sich aufnahm. Sie pflegte mich gesund. Und danach setzte ich die Reise nach Sizilien fort, zu Schiff.

(2) D. berichtet von der letzten Unterredung mit Minos, in der ihn dieser aufforderte:

Du mußt mir die Geschichte mit den vielen Federn mal erzählen!

Damit begann er.

Ich erfüllte ihm den Wunsch, verhehlte aber nicht, daß mir das Wichtigste selbst unbekannt sei. Es ist nicht zu erklären, wie ein Vogel so viele Federn haben kann.

Hast du sie mitgebracht?

Ja, Sire. Ich wollte sie schon wegwerfen. Aber mit einem Male kommen sie mir vor wie ein Geschenk.

Von wem schon! sagte er abfällig. Du läßt das lieber offen?

Wir verließen jetzt die Straße nach Amnisos und schlugen einen Feldweg ein, der zu den Hügeln führt. Er setzte wieder an:

Schwarze Federn, so. Was es nicht alles gibt! Wir müssen uns jetzt wieder öfter unterhalten. Wenn ich an früher denke! Mir hat das sehr gefehlt in diesen letzten Jahren.

[…]

Ich hielt mich an der Mauer fest. Die Augen, diese Augen! Er klopfte mir den Rücken und sagte zutraulich:

Du hältst dich ja an deine Möglichkeiten. Das war doch immer deine Stärke!

Ich biß mir auf die Lippen.

Lächelnd setzte er hinzu:

Sie warfen dir ja auch nur Federn zu und nicht gleich Flügel …

Er hat mich stehenlassen. Ich sah ihm nach. Er ging davon, den langen, schmalen Korridor des Labyrinths hinauf.

Dann war der Gang leer.

Der Leutnant trat an mich heran und fragte höflich:

Ist Ihnen unwohl?

Mir? Nein. Danke. Im Gegenteil. Mir fiel gerade etwas ein.

Der Leutnant sagte höflich:

Ich stehe Ihnen zur Verfügung.

Sind die Magazine offen?

Die Schreiber haben Nachtdienst.

Schicken Sie mir einen. Ich gehe schon voraus. Der Mann soll sich beeilen. Ich bin in meinem Zimmer.

Der Leutnant klappte mit den Hacken.

Im Gehen dachte ich: Es ist doch gut, wenn man Respekt genießt.

Minos war es, der die Flügel erfunden hat, mit einem hingeworfenen Wort. Er hat dabei auch noch gelacht! Ich suchte meine Aufzeichnungen über den Luftsprung der Britomartis und die Wirkungsweise windbewegter Mühlen aus den alten Akten. Ich arbeitete die ganze Nacht. Die Magazine lieferten mir alles, was ich brauchte: feine Bronzestäbe, diktisches Wachs und Pech aus Sodom, auch eine große Rolle Seidengarn. Und als der Morgen graute, machte ich den ersten Flugversuch: Ich stürzte mich vom Dach des Labyrinths ins Megaron. Ich fiel sehr schnell, doch plötzlich rüttelte es an meinen Flügeln, ein feiner Ruck nur und ein leichtes Beben – und dann trugen sie. Der Morgen trug mich. Ich hatte Mühe, nicht gleich beim ersten Flügelschlag das Labyrinth zu übersteigen.

Ich schloß die Flügel weg, sobald es Tag war. Die deinen, Ikarus, habe ich dann in der nächsten Nacht gemacht. Sie wurden fast noch schöner als die ersten. Sie haben dich auch weiter fortgetragen. Und als die vierte Nacht anbrach, sind wir geflohen.

[…]

Du weißt, wie schön die Nacht war. Es trug uns durch die wunderbare leere Luft, so daß wir manchmal dachten, der Himmel hätte Flügel und nicht wir.

Ich hatte unseren Kurs so abgesetzt, daß wir, solange Nacht war, über Kreta flogen. Westwärts. Von Kydonia aus wollten wir uns dann nach Norden halten, um die See zu überfliegen, doch erst bei Tage.

Wir kamen gut voran, so daß wir diese Stadt im ersten Morgengrauen schon erreichten. Sie lag wie ausgestorben unter uns. Wir sahen nur eine Frau, auf offener Straße, die ein Kind an ihrer Hand hielt und in der anderen den Milchkrug. Sie blieb wie angewurzelt stehen, als sie das Rauschen unserer Flügel hörte, warf ihren Kopf zurück und starrte, und ihr Gesicht gerann zu einem lächerlichen, bleichen Punkt. Doch auf den Hügeln von Peninsel-Grotta, die wir jetzt überquerten, waren schon die Hirten und die Bauern auf den Feldern. Wir sahen, wie sie zusammenliefen, schrieen und mit Steinen nach uns warfen. Du necktest sie, indem du niedrig über ihre Köpfe zischtest. Dann waren wir auf See und überflogen eine mächtige Galeere, die auf Kap Psakron zu hielt. Die fünfzig Riemen tupften weiße Punkte in das Meer, zwei lange Nähte. Doch als sie uns gewahrten, ließen sie die Riemen fahren. Sie hoben, alle fünfzig, die Gesichter.

Ich winkte dich zurück. Wir wollten landen, zum letzten Male vor dem großen Meerflug. Wir ließen uns auf dem Plateau von Grotta nieder. Die Bauern schimpften in der Ferne. Sie kamen jetzt von allen Seiten, in hellen Scharen, und sammelten im Laufen Steine von den Äckern auf.

Sie denken, wir sind Götter? fragtest du.

Dann würden sie uns nicht mit Steinen werfen.

Was denken sie denn dann?

Sie halten uns für große Vögel oder für Gespenster.

Du nicktest. Plötzlich fragtest du:

Wer sind wir, wenn wir keine Vögel sind?

Ich lachte, nahm dich in den Arm.

Du? rief ich. Du bist Ikarus!

Du nicktest wieder.

Die ersten von den Bauern waren jetzt schon nahe. Sie blieben stehen und schielten scharf zu uns herüber. Sie waren außer Atem. Für ihre Steine war es noch zu weit. Sie klatschten in den Lehm.

Du schautest kaum hinüber. Du hattest keine Angst vor ihnen.

Du wiederholtest:

Ich bin Ikarus. Und du? Wer bist denn du?

Da schwirrte schon ein Stein an uns vorbei. Ich rief:

Wir müssen weiter!

Ich prüfte noch einmal die Gurte an den Flügeln und zog sie fester. Wir stiegen auf, als sich die Bauern wieder in Bewegung setzten, um uns zu fangen.

Wir waren zeitig auf dem Meere. Die Sonne war noch gar nicht aufgegangen. Doch da es still war und sich am Himmel keine Wolken zeigten, dachte ich: es macht nichts aus. Es trug uns durch die glatte Taubenluft. Der ungeheure Schild des Meeres lag unter uns, und in der Höhe, über unseren Köpfen, hing das erste ahnungsvolle Licht am Himmel.

Wer bin ich denn? Mein Gott …

Ich grübelte. Da sah ich dich mit einem Male über mir. Du stiegst noch weiter.

Zurück! rief ich.

Und mit zwei Flügelschlägen warst du an meiner Seite. Ich rief dir zu:

Du bleibst bei mir, du hast es mir versprochen. Siehst du die Sterne, die du dir merken solltest?

Du nicktest. Aber plötzlich lachtest du verstohlen:

Und wer du bist – das weißt du selber nicht?

Da ging die Sonne auf. Jetzt half mir nichts. Ich hatte nicht damit gerechnet, daß dieser Augenblick so grausam ist. Sie ging halbwegs zu unserer Rechten auf: zuerst ein Stachel, der sich in den Himmel bohrte, und gleich darauf ein Halbmond – dann die Kugel aus dem fürchterlichen Licht. Sie peitschte einen Feuerstrich quer übers Meer, und ihre Strahlen schossen aufwärts in den Himmel, so daß wir plötzlich wie in einer Zange hingen, oder wie in einem kolossalen Käfig, dessen goldene Stangen uns gefangenhielten.

Ikarus! schrie ich.

Doch du ertrugst den Käfig nicht. Ich sah dich noch einmal, tief unter mir. Der Punkt, der in den Winkel zwischen Spiegelung und Strahlen schoß, warst du. Die Sonne fraß den Punkt, vor meinen Augen.

Dann nichts mehr.

Und dann die schwarzen Federn auf dem Wasser. Da aber war die Sonne schon weit aufgegangen. Sie stand im halben Himmel, war weiß und warm und hatte uns vergessen.

(1958)

PETER RÜHMKORF

Anti-Ikarus

Aufgefahren ist mein Bruder, der Briskmann, im
silbernen Schlitten,
niedergefallen zur Erde am zweiten Tag;
schon annulliert und nicht auferstanden am dritten –
Senke den Kopf, wer will, die Lidermarkise, wer mag.

Ich, imübrigen, kaufe das Ei des Kolumbus
bei meinem Milchmann.

Ich vom Boden, jawohl, von der Erde ich, von den
Steinen,
keine Kondore mehr im hirnenen Horst – !
Wer ist gekommen, Aufschwung und Fall zu beweinen
des geflügelten Aff, wenn er Furcht in den Äther morst?

Mythos kapuuut. Die Motten im Wielandshemd.
Laika, die Liebliche fault einen beachtlichen Tod. Aber beiß die Plomben zusammen – es kommen bald bessere Tage.

Grillen ins All gejagt, gefesselte Ikariden,
dein orthopädischer Traum im schlappenden
Flügelschuh –
Nachschub an Wind, der sanfte Transport aus dem Süden,
schaufelt die Sterne zu.

Auf dem Prometheus-Gasbrenner koche ich meine Zamek-Suppe. Ich habe die Flamme nicht erfunden. Ich werde die Glut nicht erläutern. Überhaupt sind meine Gedanken auf die nächsten drei Tage zugeschnitten: wie ich mein Brot mache für ein Leben, das ich sowieso nicht versteh. Und sieh nur, wie das Gulasch strampelt im Dural-Patenttopf…
Wer wächst da über sich hinaus?
Nun noch den Pfeffer und Lorbeer, frisch von der Stirn gepflückt – :
Ich werde kein absolutes Ding drehn!

(1959)

GÜNTER KUNERT

Ikarus 64

1

Fliegen ist schwer:
Jede Hand klebt am Gehebel von Maschinen:
Geldesbedürftig.
Geheftet die Füße
an Gaspedal und Tanzparkett. Fest eingenietet
der Kopf im stolzen im fortschrittlichen
im vorurteilsharten
Sturzhelm.

2

Ballast: Das mundwarme Eisbein
in der Familiengruft des Magens.
Ballast: Das finstere Blut
gestaut an hervorragender Stelle
gürtelwärts.
Töne
erster zweiter neunter dreißigster Symphonien
ohrhoch gestapelt zu kulturellem Übergewicht.
Verpulverte Vergangenheit
in handlichen Urnen verpackt.
Tankweis Tränen im Vorrat unabwerfbare:
Fliegen ist schwer.

3

Dennoch breite die Arme aus und nimm
einen Anlauf für das Unmögliche.
Nimm einen langen Anlauf damit du
hinfliegst
zu deinem Himmel
daran alle Sterne verlöschen.

4

Denn Tag wird.
Ein Horizont zeigt sich immer.
Nimm einen Anlauf.

(1964)

CHRISTA REINIG

Ikarus

Der Wörter rohe Außenseite
Mitmäulern haßvoll abgefratzt,
das war der Riß.
Was uns versagt war, schweige
innen im Gedicht.

(1969)

PETER GOSSE

Munterung an Dädalus

Solang Du ein Kerl bist, folge dem Sohne nicht!
In den Horizont ziel, dort muß das Land sein, Dädalus,
zieh in die Stoßstelle zwischen Bläulichem und vagerem
Blau, hinterlaß
Hinterm und Bauch die Lockung des Azur!

Fokussier aufs Mähliche! (Kutusows denk: Rückzug
allein
machte Sieg machbar.) Fokussier auf die Mitte:
Senge die Flügel nicht, netze die Flügel nicht,
traure, für den Du alles gäbst, traure dem Sohn nicht
nach.

Freilich trauere ihm nach, der steil stieg zaubrischen
Sehnsüchten nach:
Oh handgreiflich die Sonn, und die Lungflügel ihr ein
überschießendes Gefäß!
Und das geschmeidige Meer – schauen es, steigend,
in seiner atmenden fliedernen Ganzheit! Ach
diese guten Gelüste: alles herein mir
an die muskelspielende Menschbrust: das All! – Er konnte
sich nicht widerstehen.
Doch die Sonne: kochendes Kraterloch,
und spurtilgend lagert das Meer.
Leise
treiben die Federn breit.

Welch Unmaß an Unnutz! Sieh Dich nicht um, es löst
Schmerz da die Muskeln, da starrn sie zu Salz!
Trauere – Du kannst nicht anders. (Was
ist Hirn, nicht befallbar von Wahnsinn. Doch was ein
Hirn, befallen von ihm.) Trauere,
doch traure knapp. Dem züngelnden Klagelied tritt auf
die Zung, es braucht Luft, die Du brauchst. Drohe
den Ellbogen an die Aufsagung der Freundschaft, wenn
sie Ruh bitten und den Fingern,
wenn sie Unruhe bitten, gekrampft ins schweißglatte
Schwingenleder. (Daß
Du nicht vergebens, ich bitt Dich,
zerschlugst, Ingenieur, Eure kretischen Ketten.)

Dort Szylla, Charybdis – dort mußt Du durch zwischen
Beil und Bock, der Guillotinen
halbrunde Aussparungen für Deinen Hals sind ein
Tunnel: dort hindurch

hämmernden Fittichs zieh, jag unbesehen Zuversicht in
die Sehnen, so ziehn sie der Zuversicht
Boden her, Schlag um Schlag!
Verzicht' auf Delilas Schoß wie ein Impotenter: so her
preß die Potenz. Habe Kraft: zerr den Ohropax nicht
ausm Ohr in Loreleis Bereich.
Taktiere, Stratege, stiehl Dich voran, was das Wachszeug
hält
den Weg, der alle Kraft frißt, den einzigen, diesen
schlingernden Grat.
Harthalsig flexibel sei.
Kraftsparend leicht marschier, begeh den Kompromiß,
diesseits von Grübeln und Traumeln! Taktier
zwischen Che und Dubček, auf nieder auf nieder wie
sisifosen
die Federgestänge! Lavier – dort ist das Land! –
zwischen Selbstaufgabe und Selbstmord.

(1971)

BETTINA WEGNER

Ikarus

Aus dem DEFA-Film »Ikarus«

War voll von Liebe und war voll Vertraun
und Wärme war um ihn und war viel Zeit.
So konnte er sich große Flügel baun
und alles in ihm war unendlich weit.

Da war es schließlich möglich, daß er flog
die Erde ließ er unter sich zurück.
Bis man die Wärme von ihm nahm und ihn belog
da blieb vom Ganzen in ihm nur ein Stück.

So fiel er nieder, stürzte und zerbrach.
Wer sagt, er wäre nie geflogen, lügt.
Man trug ihm die zerbrochnen Flügel nach
und jeder weiß, daß er nie wieder fliegt.

(1974)

PETER-PAUL ZAHL

ratschlag während des sturzes

den fallschirm raus/Ikarus
nicht die sonne wars
nicht die sonne/die dir die flügel stutzte

den kragen herunter/Ikarus
nicht die sonne ists
nicht die sonne/die dich frösteln macht

den sturzhelm auf/Ikarus
nicht die sonne wars
nicht die sonne/die dich vom moped warf

die zähne zusammen/Ikarus
nicht die sonne ists
nicht die sonne/die dir aufs maul schlägt

die fäuste entspannt/Ikarus
nicht die sonne ists
nicht die sonne/die deine deckung durchbrach

laß das fliegen/Ikarus
überlaß es Dädalus/dem alten
lern laufen/Ikarus/lauf

lern laufen/Ikarus/lauf
unter der sonne/Ikarus/lauf

(1975)

GÜNTER KUNERT

Unterwegs nach Utopia I

Vögel: fliegende Tiere
ikarische Züge
mit zerfetztem Gefieder
gebrochenen Schwingen
überhaupt augenlos
ein blutiges und panisches
Geflatter
nach Maßgabe der Ornithologen
unterwegs nach Utopia
wo keiner lebend hingelangt
wo nur Sehnsucht
überwintert

Das Gedicht bloß gewahrt
was hinter den Horizonten verschwindet
etwas wie wahres Lieben und Sterben
die zwei Flügel des Lebens
bewegt von letzter Angst
in einer vollkommenen
Endgültigkeit.

(1977)

Allen Ginsberg: Wolf Biermann vor dem preußischen Adler auf der Weidendammerbrücke in Berlin. Photographie. Um 1975.

WOLF BIERMANN

Ballade vom preußischen Ikarus

Da, wo die Friedrichstraße sacht
Den Schritt über das Wasser macht
  da hängt über der Spree
Die Weidendammerbrücke. Schön
Kannst du da Preußens Adler sehn
  wenn ich am Geländer steh

    dann steht da der preußische Ikarus
    mit grauen Flügeln aus Eisenguß
      dem tun seine Arme so weh
    er fliegt nicht weg – er stürzt nicht ab
    macht keinen Wind – und macht nicht schlapp
      am Geländer über der Spree

Der Stacheldraht wächst langsam ein
Tief in die Haut, in Brust und Bein
  ins Hirn, in graue Zelln
Umgürtet mit dem Drahtverband
Ist unser Land ein Inselland
  umbrandet von bleiernen Welln

    da steht der preußische Ikarus
    mit grauen Flügeln aus Eisenguß
      dem tun seine Arme so weh
    er fliegt nicht weg – und stürzt nicht ab
    macht keinen Wind – und macht nicht schlapp
      am Geländer über der Spree

Und wenn du wegwillst, mußt du gehn
Ich hab schon viele abhaun sehn
  aus unserm halben Land
Ich halt mich fest hier, bis mich kalt

Dieser verhaßte Vogel krallt
    und zerrt mich übern Rand

        dann bin ich der preußische Ikarus
        mit grauen Flügeln aus Eisenguß
            dann tun mir die Arme so weh
        dann flieg ich hoch – dann stürz ich ab
        mach bißchen Wind – dann mach ich schlapp
            am Geländer über der Spree

(1976)

ROSE AUSLÄNDER

Ikarus

Der Himmel fällt
du mußt fliegen
ihn halten

Das hohe Lied der Luft
hält nicht
was du dir versprochen
das Leichte nicht dein Los

Jenseits die Parzen
emsig ohne Schlaf
blind und eingeweiht

Gespinst aus Regenfäden
Flügel oder Leichenhemd?
Mit wem sag hadern
Rippen und Genick

(1977)

MARIA MAGDALENA LEONHARD

Wie die Sonne,
die reift und versengt,
ist meine Liebe, zu Dir.
Du aber
Ikarus
fürchtest
um Deine wächsernen Flügel.

(1978)

KNUD WOLLENBERGER

Traum des Sisyphos

Er sei Ikarus
und steigt zur Sonne auf, träumt Sisyphos:
Ihm trieft das Wachs aus den Achseln.

Verbissen die geschundene Schulter
gegen den Stein gepreßt, erschrickt er
erleichtert: Nicht er, der Stein nur
rast zu Grund. Aber noch eh er anlangt,

schneller steht Sisyphos dort.

(1980)

GERD ADLOFF

Selbstmord

Da fiel er uns vor die Füße:
Ikarus, sah ich sofort
rot, das Wachs, zerlaufen.

Hat sich die Flügel verbrannt.
Konnt sich nicht halten.
Wollte zuviel wohl.

Kam zu nah an die Sonne
oder vom Boden nicht los.

(1980)

YAAK KARSUNKE

Ikarus
oder: die dialektik des aufstiegs

das wachs, das seinen höhendrang beflügelt
schmilzt, eh er auch nur halb erreicht
was er sich himmelhoch als ziel erkor

ach, hätt er seinen aufstieg doch gezügelt
er wäre nicht so tödlich aufgeweicht
(der himmel ist nun leerer als zuvor)

doch war als trost ihm – unschwer – prophezeit
:er stürze sterbend erst sich in unsterblichkeit

(1982)

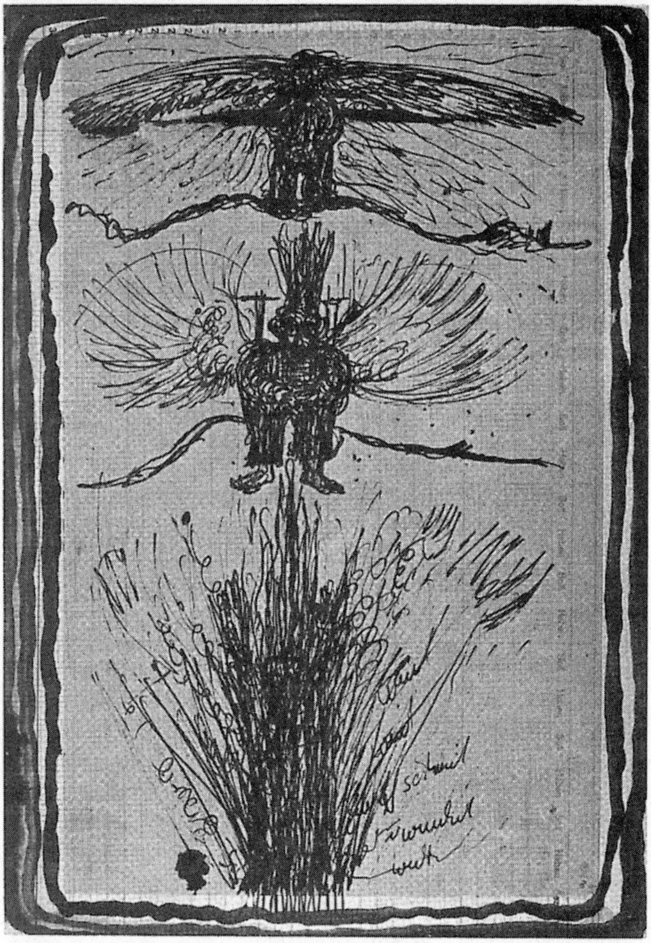

Ralf Kerbach: der meissner ikarus.
Zeichnung. 1983.

SASCHA ANDERSON

der meissner ikarus

ach die menschheit schreibt geschichten
sterbensformeln lebenszeichen
und aus schwarzen engeln werden
zyklamrote wasserleichen

steiget auf in die gebirge
öffnet eure schwingen weit
die gedanken ziehen wehe
in die hohe alte zeit

in die schluchten lasst uns fühlen
mit dem maler jungermann
der uns fliegende ermahnte
dass der mensch nicht fliehen kann

in den schmalen streifen himmel
trug der maler seine flügel
und erprobt die komponenten
überm endmoränenhügel

also raum und zeit sich kreuzen
schlachten schlagen die gedanken
kreidemeere schiefertafeln
der gesetze dunkle schranken

hob er auf im licht der künste
zeitenloser meisterarbeit
und mit aqualeichtem herzen
unterschrieb er seine wahrheit

in den spiegel will ich stürzen
meine beine will ich brechen

schattenlos im mittagsbrunnen
mit den grauen söldnern zechen

ach die menschheit schreibt geschichte
lebensformeln sterbenszeichen
und aus weissen engeln werden
zyklamrote wasserleichen

(1983)

PETER HÄRTLING

An Ikarus

Du konntest dir die
Brust
voller Himmel
füllen,
geschwätzig wie immer.
Ich nicht.
Du redetest dir Flügel
an,
bis wir es glaubten.

Jetzt warte ich
im Hof,
wo Dädalus schreit,
auf die eine,
die einzige Feder
aus dem Flügel,
die mir hilft,
leicht zu sein
wie du.

(1983)

DORIS RUNGE

ikarus

das herz randvoll
mit himmel
als die erde
mein raubvogel
immer größer
und dunkler werdend
mich mitten
im flüchtigen traum
schlug

(1985)

CHRISTOPH RANSMAYR

Die letzte Welt. Roman

Auszug

Die taubstumme Weberin Arachne zeigt Cotta, der in der eisernen Stadt Tomi Spuren des verbannten Ovidius Naso sucht, nach dessen Erzählungen gewebte Tapisserien:

Erst unter den letzten Bildern, die Arachne vor ihm entrollte, entdeckte Cotta einen Zweifel an der Großartigkeit des Fliegens, die Darstellung eines Sturzes; ein seltsames, fast boshaftes Gegenstück zur paradiesischen Entrücktheit der Schwärme. Es war ein Bild der leeren Weite, gewebt aus Fäden blauer, weißer und silbriger Farbschattierungen, ein Blick auf das ruhig unter der Sonne liegende

Meer, der Himmel sommerlich heiter bewölkt, die Dünung sanft, darüber vereinzelt Möwen, aber keine Küste, keine Insel, kein Schiff.

Sehr fern, hart an der Schneide des Horizonts, sah Cotta zwei graue Schwingen wie die Arme eines Ertrinkenden im Wasser verschwinden, hochgereckt, hilflos, die Spannweite groß wie die eines Kondors, sah aber keinen Schnabel, keinen Kopf. Die Fontänen des Aufschlags stiegen um diese Schwingen hoch, weiße Lanzen, und aus der Höhe schaukelten und taumelten verlorene Federn, feine Flügelbinden und Daunen, die sich dem Meer langsamer nähern durften als der schwere Körper, den solche Schwingen getragen hatten. Dort in der Ferne war etwas Großes, Gefiedertes in die Wellen gestürzt, während Möwen ungerührt im Aufwind standen und das von einer leichten Brise ziselierte Wasser das Sonnenlicht in den Himmel zurückwarf.

Icarus. Der Name jenes gestürzten Wesens, das im Geglitzer versank, war eines von vielen Fingerzeichen der Taubstummen, die Cotta aus ihren Händen auffliegen sah und nicht verstand.

Arachne bemühte sich sehr um den römischen Gast und nickte zu allen Fragen, die sie von seinen Lippen las. Wer hatte ihr diese Urwälder und Palmenhaine beschrieben und von Vogelarten erzählt, die an der Küste der eisernen Stadt noch nie gesehen worden waren? Hatte Pythagoras die Wahrheit gesagt und die Weberin tatsächlich Nachmittage an Nasos Seite auf den Steinbalkonen verbracht? – Erst als Cotta die Alte fragte, ob ihr der Verbannte jemals von etwas anderem erzählt habe als von der Kunst des Fliegens und der Vogelwelt, von Kristallen etwa, von Versteinerungen und Erzen, schüttelte sie den Kopf.

Niemals?

Niemals.

(1988)

WALTER HELMUT FRITZ

Schrift und Gegenschrift

Wenn wir schreiben,
tun wir es auch heute
– lebend in einem
provisorischen Zustand –
mit einer Feder
aus den Flügeln des Ikarus,
der Gegenschrift folgend,
die aus Pflanzen, Tieren, Menschen
besteht, aus dem Zerfall, der
eingeboren ist allem Werden,
aus Steinen und Wellen, den großen
Unternehmungen der Landschaft
und dem Labyrinth, zu dem
jeder Weg werden kann.

(1989)

HEINZ-ALBERT HEINDRICHS

Ikarus

Musik das war
der Versuch zu fliegen
zu sprengen
die Säulen der Luft
das war
der Versuch den Bogen
zu spannen
den Atem zu fiedern
Musik das war –

ich stürzte
zum Ohrmuschelgrund

(1991)

HANS NEUENFELS

Isaakaros. Roman

Auszug

(1) Prolog
Seine Geburt, am Tag der Großen Weltanschauungsausstellung, genau zwischen dem griechischen und christlichen Pavillon, von denen sich seine Eltern besonders angezogen fühlten, Vater, weil er Akademiker, Mutter, weil sie katholisch war, seine Geburt zur Zeit des tiefsten Hochs, während ein intriganter Blitz die Statuen des Ikaros und des Isaak, Kennzeichen konkurrierender Erkenntnis, niederriß, daß sie in der Mitte des Konfliktes zerschellten, sich ihre Posen durcheinanderwarfen, unkenntlich, wer gehorsam, wer nicht, wer hoch-, wer demütig, ja wer wer, seine Geburt, Mama zwischen den Trümmern in Wehen, Papa in Gedanken, wie ihn zu nennen, beide aber im künftigen Donner, im Kochen des Gehirns und des Blutes, seine Geburt, noch ehe Mutter niederkam, und er kam, kam Vater auf seinen Namen, im Anfang war das Wort, Männerrecht, und ist Fleisch geworden, Frauenpflicht, seine Geburt, Mama zog sich zusammen, Papa seinen Schluß, und es begann: der ausgestoßene Beischlaf dessen, das zerstoßen am Boden lag, hob sich in die Lüfte, der neue Stern stellte ein erstes Horoskop, seine Geburt, rein die pathetische Sekunde, nicht hilfreich durch Hebammenroutine ironisiert, die Ballung dritten Blutes aus zwei Marmorbildern, die Verwesung eines Zwillings ineinander zu *einem* knospenden Nabel: Isaakaros, stieß Vater aus, dann Mutter mich, meine Geburt, König durch einen Kaiserschnitt…

Meine Geburt, sagte der Arzt, »verlief wie gewöhnlich.«

(2) Gedanken des Titelhelden während eines Festaktes:
War er etwa Daedalos geworden? Ein vielgewandter Auftragskünstler, der klug bedachtsam die Sonne mied, der

der Pasiphaë, die von wilder Leidenschaft zu einem Stier entflammt war, das bronzene Abbild einer Kuh anfertigte, in dem verborgen sie sich begatten lassen konnte? Hatte er schon längst und unmerklich den Landweg eingeschlagen, weil die Angst vor dem Sturz größer war als die Lust zu fliegen?

Ikaros flog gegen den Rat aller Autoritäten, auch gegen sein eigenes Wissen. War das klug? Was heißt Klugheit? Das schmelzende Wachs seiner Federn, die fehlende Einsicht, könnte man sagen, war der Preis für die Hellsicht, für die Sekunde so nah an der Sonne zu sein, und die Tiefe des Sinkens ins Meer, die konträre Erfahrung im anderen, gänzlich fremden Element, könnte man sagen, war der Preis für eine Sekunde Rausch vor dem Tod. Aber wir wissen, wie relativ die Zeit ist, und nicht, wie kurz, wie lang diese Sekunde für ihn war und was sie an Erkenntnis und Leben in ihm auslöste.

Isaak hingegen sah den Holzstoß, fragte: »Mein Vater, hier ist Feuer und Holz, wo aber ist das Schaf zum Brandopfer?« Doch als Abraham antwortete: »Mein Sohn, Gott wird ersehen ein Schaf zum Brandopfer«, da legte Isaak sich auf den Holzstoß. Wem mußte er alles glauben! Wie lange und wie heftig! Wie wild besessen mußte er von seinem Gehorsam sein! Er mußte seinem Vater glauben, er mußte dem Gott glauben, und daß der Gott dem Vater glaubte, und glauben, daß der Vater dem Gott glaubte und Gott und Vater ihm, Isaak, glaubten, auch das mußte er glauben, vor allem aber mußte er sich selbst glauben, daß er es aushielt, so oder so.

War das klüger, war das dümmer? Was heißt da Dummheit?

(1991)

SARAH KIRSCH

Mauer

Bunt war sie hier Fenster und Türen
Aufmüpfige Leitern Ikarus-
Flügel schimärenhaft hingemalt an einer
Bestimmten Stelle auch ich nebst meinem
Unerschrockenen Kind wie wir eines Tages
Durch sie gekommen sind mit einem
Spielzeugkoffer woraus russische
Schwerter mongolische Kesselchen fielen
Einer Schreibmaschine die halbfertigen
Liebesgeschichten klemmten noch in der
Walze und ein paar freundliche
Karten von Elis und Franz er war es der mich
Noch zweimal besuchte vor er in Märkisch
Buchholz unter den Rasen geriet – ich schaute
Wohl nicht zurück übte weiter den
Kopf ordentlich schütteln sprang zu
Marina und Edith in den krachenden
Wagen unsere Schwestern gehen in
Bunten Kleidern zeigten mir einen
Papierweißen Garten zwischen Norden und
Nacht da lagen am Boden die
Königsmützen.

(1992)

GÜNTER KUNERT

Ikarus neuerlich

Da treibt er hin
geschwind geflügelt durch den Äther.
Den stürzen Neider,
die sich Götter nennen, wer
so hoch steigt. Wir andern ziehen
unsre Schleimspur unten
und samen ab
und zu und ernten
Unrat. Dem Himmel hingegeben
er
erfreut uns durch sein Ende
elend.

(1996)

FELIX PHILIPP INGOLD

Daidalos. – »Was ich weiß, lastet auf dem, was ich kann. Mein Sohn, unvernünftig wie er ist, hat's leichter; er wird fliegen, höher als ich, und sein Fall wird seine größte Tat gewesen sein.«

(1996)

APPENDIX

»Kein Pflug steht still um eines Menschen willen«. Pieter Brueghels *Der Sturz des Ikarus* und die Dichter

Pieter Brueghel: Der Sturz des Ikarus.
Öl/Leinwand. Um 1555/60.

WOLF BIERMANN

Der Sturz des Dädalus

Anfang

Pieter Brueghel der Ältere, genannt Bauern-Brueghel. Er lebte in der Lutherzeit. Von ihm gibt es ein Bild: »Landschaft mit dem Sturz des Ikarus«. Wir sehn eine vielgemalte Szene aus dem vorantiken Griechenland. Und der Maler, wie es Mode war, zerrt den Mythos ungeniert ins moderne Flandern jener Tage.

Eine renaissanceweite Welt ist zu sehn. Überschwengliche Perspektive. Der See. Die See. Im Hintergrund eine unwirklich geweißte Felsenlandschaft, die ins offne Meer übergeht. Auf großer Fahrt, schwerfällige Eleganz, ein Segelschiff, bauchig, eine niederländische Kogge. Und vorn, auf einer Anhöhe, großfarbig hingemalt ein Bauer. Der Mann pflügt brav seine ebenmäßigen Furchen in den Acker. Als ob der Maler den Pflüger mit dem Pinsel nachäfft: Die Erdschollenwülste sind hingehandwerkelt mit manierierter Makellosigkeit – genau wie seines Rockes Falten. Dann noch breitärschig ein Angler, wie er seine Rute übers Wasser hält. Alles treu, wie Ovid es im VIII. Buch seiner Metamorphosen schildert. Im hinteren Vordergrund ein Hirte, steht da auf seinen Stock gestützt im Gewimmel der Schafherde – eine Idylle friedlicher Arbeit.

Die katastrophale Hauptsache aber – die Attraktion! – der stürzende Ikarus, avanciert beim älteren Brueghel zur nichtigsten Nebensache. Und eben diese Frechheit des Malers entzückt uns und macht uns das Bild so berühmt. Kein Mensch beachtet hier den Sturz des Ikarus. Auch der Betrachter des Bildes entdeckt erst beim zweiten Hinsehn rechts unten am Bildrand die nackten Beine… ja, das isser! Ikarus, grad wie er versinkt. Sowas nenn ich Realismus in der Kunst. Und das nenne ich nobel und wirkliche Phantasie des Künstlers, er zeigt die phantastische Wirklichkeit: Kein Aas kümmert sich groß.

Kein Pflug bleibt stehn
einem Sterbenden zulieb

Das war um 1600 in Deutschland ein populäres Sprichwort. Alles übertrumpfend der gewaltige Alltag. Und kleinklein die große Nummer des mythischen Helden.

Dieses erhellende Mißverständnis inspirierte den englischen Dichter Wystan Hugh Auden zu einem tollen Gedicht.* So hab ich es mir ins Deutsche gebracht:

Musée des Beaux Arts

Was immer das Leiden angeht und seinen Rang
– die Alten Meister, da sahn sie durch!
Wie die verstanden, es einzuordnen ins
Alltagsleben. Und wie sowas abläuft, das
Unerhörte, indessen irgendwo wer am Futtern ist
Oder öffnet grad wo ein Fenster
Oder schlendert gelangweilt wo hin
– oder aber, wenn in Ehrfurcht die Alten
Und inbrünstig harren auf die wunderheilige
Die Geburt
Dann sind da auch immer noch Kinder und
Gar nicht ergriffen von dem, was passiert
Wenn sie leicht hingleiten auf ihren Kufen
Über das Eis, hart am Gehölz übern Weiher
Die Alten Meister, sowas wußten die eben:
Grad das Martyrium, das Schauderschlimme
Geht seinen Gang nebenbei in einer gammligen
Ecke, wo Hunde hinleben, wo Hunde halt leben
Wo des Folterknechts Gaul sich am Baumstamm
Schubbert das schuldlose Hinterteil

Nimm nur den »Ikarus«, den vom Brueghel
Sieh, wie da alles sein' Gang geht, gemach
– Katastrophen, wen kümmern die groß
Der Pflüger da hat es womöglich gehört

* Siehe S. 189

Wie der Körper aufschlug aufs Wasser, den
Abgegurgelten Schrei. Ach, der unerhörte
Fall – für ihn war's eben keiner. Die Sonne
Was soll sie auch anders, sie schien auf
Beine, weißhäutige, wie grad des Wassers
Grün sie verschluckt. Noch auch das kostbare
Kauffahrerschiff, sah da kein Aas denn
Nicht irgend wie wo was Erstaunliches geschehn:
Ein Junge! wie er kippt aus dem Himmel…
Nichts. Es ist auf dem Weg nach irgend wo hin
– und segelt gelassen davon

Man könnte pathetisch sagen: schändliches! schuldhaftes Wegschaun. Aber das ist nicht wahr. Es gibt ja auch ein schuldloses Wegschaun. Der Maler zeigt es. Die Art, wie Menschen, die wir näher kennen, von Auschwitz nichts wissen wollten, war anders.

Eine moralische Lesart dieses Bildes von Pieter Brueghel wäre heute in Ost und West entgegengesetzt. Im Westen: Mach es nicht wie die Leute da auf dem Bild! Schau nicht nur auf Dein Geschäft, wie Schäfer, Pflüger, Angler, Schiffer! kümmere Dich auch um Größeres… Im Osten: Mach es wie Bauer, Fischer und Schäfer und Schiffer auf Brueghels Bild: Bewältige deine Teilaufgabe, bestelle Dein Feld und kümmere Dich nicht um die Höhenflüge der Weltverbessrer, nicht um die Eskapaden der Berühmten, die sowieso die Welt immer nur verderben!

(1987)

WYSTAN HUGH AUDEN

Musée des Beaux Arts

About suffering they were never wrong,
The Old Masters: how well they understood
Its human position; how it takes place
While someone else is eating or opening a window or just walking dully along;
How, when the aged are reverently, passionately waiting
For the miraculous birth, there always must be
Children who did not specially want it to happen, skating
On a pond at the edge of the wood:
They never forgot
That even the dreadful martyrdom must run its course
Anyhow in a corner, some untidy spot
Where the dogs go on with their doggy life and the torturer's horse
Scratches its innocent behind on a tree.

In Brueghel's *Icarus*, for instance: how everything turns away
Quite leisurely from the disaster; the ploughman may
Have heard the splash, the forsaken cry,
But for him it was not an important failure; the sun shone
As it had to on the white legs disappearing into the green
Water; and the expensive delicate ship that must have seen
Something amazing, a boy falling out of the sky,
Had somewhere to get to and sailed calmly on.

(1938)

ALBERT VERWEY

Breughels Ikarus

Vielt ge, Ikarus? De landman snijdt de voor:
Hij heeft voor 't plassende geplons geen oor.

De visser op de rotswand houdt zijn plaats,
Vol winzucht zorgend om 't bewegend aas.

De vogel, naast hem op de tak, ziet uit
Naar mooglijk aandeel in de vinnige buit.

De wind waait ginds fregat de zeilen bol,
Het volk heeft in het want de handen vol.

Alleen de meeuwen zwermend om u heen
Merken 't verdwijnen van uw witte been.

Eén ziet omhoog: de man die schapen dreef
Zag in de lucht iets vreemds en vraagt waar 't bleef.

Op heel de baai van Samos straalt de zon
Die Ikarus dacht naadren, maar niet kon.

(1930)

Brueghels Ikarus

Fielst du, Ikarus? Der Bauer zieht die Furche: er hat für's platschende Geplumps kein Ohr. Der Fischer auf der Felswand rührt sich nicht. Auf Fang erpicht, sieht er auf den Köder. Der Vogel, nahe ihm auf dem Ast, paßt auf, ob von der Beute etwas für ihn abfällt. Der Wind bauscht die Segel der Fregatte, die Leute sind mit den Wanten voll beschäftigt. Nur die Möwen über dir schwärmen auf und bemerken das Untertauchen deines weißen Beins. Eín Mann schaut auf: Der Hirte sah in der Luft ein seltsames Ding und fragt sich, wo es blieb. Die Sonne bestrahlt die ganze Samos-Bucht, der Ikarus sich nähern wollte, doch nicht konnte.

ALBIN ZOLLINGER

Breughel: Ikaros

Ikaros, Ikaros, stürmende Seele,
Immer noch stürzest du
Täglich ins Meer,
In der Sehnsucht
Hinaufverlangen,
Indem der Bauer, geruhig,
Pflügt!

(1937/39)

RAÏSSA MARITAIN

La chute d'Icare

D'APRÈS BREUGHEL *à Simone Crocco*

Un rameau fleuri encadre la mer
Des navires songent à l'univers
Au rivage des moutons s'endorment

Icare est tombé du zénith
Comme une mouette qui plonge
Tout repose au soleil de midi
Rien ne trouble la beauté du monde.

(1939)

Der Sturz des Ikarus
nach Brueghel

Ein blühender Zweig umrahmt das Meer, Schiffe sinnen über das Universum nach, am Gestade schlafen die Schafe ein. Ikarus ist vom Zenit gefallen wie eine Möwe, die taucht. Alles ruht in der Mittagssonne, nichts stört die Schönheit der Welt.

ERICH ARENDT

Pieter Breughel

W.E.W. gewidmet

III

Der Blinde wird nicht sehend. – Da die Welt
kein Wunder wirkt, kann auch das Bild nicht lügen.
So malt er Ikarus, der ungesehen fällt.
Wichtig bleibt nur der Bauer, bleibt sein Pflügen.
   Der zieht die Furchen auf. In deren Spur
vollendet mühend sich ein ganzes Leben.
Wald, Schnee und Sonne, Ackergrund, die Flur
besät mit viel Getier: sie alle geben

sich ihm nur ganz beim Tagwerk seiner Hände.
Dies ist der Einklang, den die Leinwand preist.
Am Gelb des Korns, am Grün ist zu ermessen,
wie groß das Glück ist. Doch das Glück verschwände
mit unsrem Schweiß auf Stirn und Leib. Die Erde kreist –
o ernst gemaltes Lob! –, wenn deine Menschen essen.

(1942/43)

FRIEDRICH BISCHOFF

Brueghel-Legende

Von Bänkelsängern hatte er sie wohl vernommen,
Die Mär vom Flügelhelden Ikarus,
Wie er, den Vögeln gleich, den Himmel einst erklommen
Und stürzte, schwarz verbrannt, vom Sonnenkuß.
Er schüttelte den Kopf: Was alles doch geschah,
Da federte sich einer, um zu fliegen!
Ein Ikarus wollt' sonnennah
Die Heimat schaun im Weltabgrunde liegen.
War sie ihm nicht genug, war eine Biene nicht,
Die hold im Pfirsichschatten summte,
Von Gott geflügelt, leicht und licht,
War nie ein Vogel seiner Einfalt Lust,
Wenn er ins Blaue hob die zarte Flügelbrust? –
Der Pieter fand es lästerlich und brummte.
Dann riß er aus dem Stoß Papier
Mit harten Fäusten einen Bogen
Und malte erst einmal den Weltkreis hier,
Den einst der Ikarus durchflogen.
Jedoch, da er den Stift für Land und Meer gebrauchte,
Wuchs sie ihm trächtig zu, die Erde, die erlauchte,

Und Ikarus, der sich erkühnte,
Verlor sich vor der Fülle, die da grünte:
Da war der Hirte, den er gestern sprach,
Dem Aufriß fromm bedächtig einzufügen,
Sodann die Lämmerherde, nach und nach,
Und auch der Bauer kannte kein Genügen,
Er wollte mehr als nur das Ackerfeld,
Er wollte Pferd und Pflug und sich dazu gestellt.
Der Alte knurrte, in der Hand den Stift.
Der Bogen füllte sich mit guten Erdedingen,
Mit Städten, Golf und Segelschwingen –
Doch was den Ikarus betrifft,
Man sah ihn nirgends seinen Flug vollbringen.
Die Sonne glomm am Horizont empor,
Das Himmelslicht, das Saft und Seime gor,
Die Berge spiegelten ins Meer,
Die Wellen spielten hin und her;
Hier noch ein Strich und dort noch einer,
Nur diesem Ikarus galt keiner! –
Es schien dem Alten Spaß zu machen,
Daß er des Ikarus vergaß,
Bis er ihn doch zuletzt mit bösem Lachen
Als Hanswurst oder Fischefraß
– So brummte er – am Bildesrand
Hin malte, klein und unbekannt,
Wie er, der Flügelheld, nun flügellos,
Hinstürzend tödlich, arm und bloß,
Im blauen Wasserschoß verschwand…

Nach Monden, da das Bild gemalt,
Zu seinem Käufer finden sollte,
Ein Vorschuß war darauf gezahlt,
Geschah's, zu Pieters bitterem Verdruß,
Daß jener suchte nach dem Ikarus.
Und als es Brueghel ihm erklären wollte,
Warum so winzig er erscheinen muß:
»Er ist doch groß genug, der Ikarus,
Für dreißig Gulden, Herr, – kein Geld!«

Ließ er sichs doch am End gefallen
Und malte grimmig noch den Mann am Strand,
Der niemals sah, daß Ikarus verschwand,
Vielmehr die Angelrute hält,
Als locke er den Sinn der Welt
Tief aus dem Grund von Bernstein und Korallen.

(1943)

ALLAN CURNOW

The Fall of Icarus

The painting by Brueghel the Elder

The glistening coast, field-labour and sea-faring,
Stood like a crystal brimming with fine weather;
When he went down in flames all held together,
True to earth's ancient compact against caring:
    The sun that flayed him warmed the ploughman's back,
The wind that stunned him swept the carrack on
Through the gay archipelago where none
Pitied or even noticed his bad luck.
    Among the headlong pilots no revenge
Was wild enough for that indifference:
Wings flogged the fairway, made the seascape wince;
But when the flames that flagged each prouder plunge
    Guttered, a mere breeze whisked off the stain.
At once the scenery was itself again.

(1943)

Der Sturz des Ikarus
Das Gemälde von Brueghel dem Älteren

Die leuchtende Küste, Feldarbeit und Seefahrt standen wie ein Kristall voll mit strahlendem Wetter; als er in Flammen herniederging, hielten alle zusammen, getreu dem alten Vertrag der Erde wider alles Sorgen:

Die Sonne, die seine Haut verbrannte, wärmte den Rücken des Pflügers; der Wind, der ihn betäubte, trieb die Kogge weiter durch die unbeschwerte Inselwelt, wo niemand ihn bemitleidete, noch sein Unglück bemerkte.

Unter den waghalsigen Piloten war keine Rache wütend genug für diese Gleichgültigkeit. Flügel durchpeitschten die Fahrrinne, ließen den Teil der See zusammenzucken; aber als die Flammen erloschen, die jedes stolzere Eintauchen bekundeten, wehte nur ein Lüftchen den Flecken weg. Sofort war die Landschaft wieder sie selbst.

JAROSŁAW IWASZKIEWICZ

Ikaros

Ein Gemälde von Brueghel heißt ›Ikaros‹. Betrachten wir das Bild, dann erkennen wir einen Landmann, der auf der hohen Küste des Meeres den Acker pflügt, einen Hirten, der geruhsam seine Herde weidet, einen Fischer, der seine Angelschnüre einholt, und in der Ferne liegt friedlich eine Stadt. Ein Schiff fährt unter vollen Segeln übers Meer, und auf seinem Deck stehen Kaufleute und sprechen über Geschäfte. Mit einem Wort, wir sehen das Leben mit seinen täglichen Sorgen, mit seinen Mühen und dem Ungemach der einfachen, schaffenden Menschen. Doch wo ist Ikaros? Wo ist er denn, der sich zur Sonne aufzuschwingen versuchte? Erst wenn wir das Gemälde genau betrachten, erkennen wir, wie in einer Ecke zwei Beine aus den Fluten des Meeres herausragen und in der Luft über den Wogen ein paar Federn schweben, die die Gewalt des Sturzes aus den sinnreich gefügten Schwingen gerisssen hatte. Ein Augenblick scheint vergangen seit Ikaros' Sturz. Der Kühne, der sich – nach der griechischen Sage – Schwingen angeheftet hatte, war hoch hinaufgeflogen, so hoch, daß er der Sonne zu nahe kam. Die Sonnenstrahlen schmolzen das Wachs, mit dem er Feder bei Feder an den Flügeln befestigt hatte, und der Jüngling stürzte ab. – Ein tragisches Geschick vollendet sich – seht, wie er gerade in den Fluten verschwindet und ertrinkt, doch von den Menschen auf dem Gemälde hat es keiner bemerkt. Weder der Landmann, der den Acker pflügte, noch der in die Ferne segelnde Kaufmann, noch der nach den Wolken gaffende Hirte – keiner hat den Tod des Ikaros wahrgenommen. Einzig ein Dichter nur oder ein Maler hat dieses Sterben gesehen und der Nachwelt überliefert.

Dieses Gemälde steht mir immer wieder vor Augen, sooft ich an ein bestimmtes Erlebnis denke. Es ist wohl im Juni 1942 oder 1943 gewesen. Ein schöner Sommerabend senkte sich über Warschau, rosiger Schein warf schmückende Reflexe auf die zerstörten Mauern, und der ungebärdige Strom all jener, die in dem Bestreben, vor der Polizeistunde nach Hause zu kommen, sich eilten, in die Straßenbahn zu gelangen, verbarg die damals bereits seltener gewordenen Uniformen im Gedränge der Zivilisten. Hätte man nur in diesem Moment auf die belebten und durch das Juniwetter verschönten Straßen Warschaus geschaut, dann hätte man wohl einen Augenblick lang glauben dürfen, die Stadt sei frei von Besatzungstruppen. Für einen Augenblick…

Ich stand an der Ecke der Trębacka- und der Straße, die die ›Krakauer Vorstadt‹ genannt wird, obwohl sie unweit dem Stadtkern Warschaus gelegen ist, also ich stand an der Straßenbahnhaltestelle dieser Ecke. Die Straßenbahnen mit ihren roten Leibern stauten sich bimmelnd eine hinter der andern in der ›Krakauer Vorstadt‹. Die Menschen drängten sich in Scharen heran, preßten sich auf die Trittbretter, klammerten sich an die Puffer und hingen hinten an den Seiten wie Trauben. Ab und zu huschte eine rote ›0‹ vorüber, nur für Deutsche bestimmt, also nahezu leer. Ich mußte ziemlich lange auf einen weniger überfüllten Wagen warten. Doch als endlich einer kam, verspürte ich keine Lust mehr, einzusteigen; ich hatte an der Menge um mich herum, die von meiner Existenz gleichgültig Kenntnis nahm, mit einem Mal Gefallen gefunden. Mickiewicz stand hoch droben auf seinem Sockel vor mir, Blumen blühten und dufteten rings um das Denkmal, Kraftwagen wendeten kreischend vor der Kirche der Karmeliter, Jungen schrien ihre Zeitungen aus, Händler mit Zigaretten oder Kuchen wimmelten vor einem glänzenden, funkelnden Laden, Jalousien wurden mit Gepolter herabgelassen und vor den Türen und Fenstern der Lager die Gitter zugesperrt. In den Gärten waren die Bänke von Alten und Jungen bis auf den letzten Platz besetzt, die Spatzen, die sich ebenso dicht auf den schwächlichen Bäumchen niedergelassen hatten, tschilpten – und das alles versank langsam in der blauen Dämmerung des Sommerabends. Mit einem Mal vernahm ich Warschaus Herzschlag, und unwillkürlich verweilte ich unter den Leuten, um noch ein wenig mit ihnen zusammen zu sein und diesen Sommerabend der Stadt mit ihnen gemeinsam zu empfinden.

Plötzlich fiel mir ein junger Bursche auf, der sich, irgendwoher von der Bednarskastraße kommend, recht unüberlegt hinter dem roten Rumpf einer anfahrenden Straßenbahn hervorschob. Er blieb, das Gesicht der Fahrbahn, den Rücken jedoch dem Verkehr zugewandt, auf der kleinen Insel stehen und hob auch jetzt noch nicht den Blick von dem Buch, mit dem er aus der grauen Dämmerung aufgetaucht war. Er war etwa fünfzehn, höchstens sechzehn Jahre alt. Beim Lesen schüttelte er von Zeit zu Zeit den strohblonden Schopf und strich die Strähnen beiseite, die ihm in die Stirn fielen. Ein Buch ragte aus seiner Seitentasche, das zweite hielt er aufgeschlagen vor die Augen, offenbar nicht imstande, sich davon zu trennen. Gewiß hatte er die Bücher gerade von einem Freund oder auch in einer geheimen Leihbücherei erobert und wollte, ohne erst die Heimkehr abzuwarten, sich sogleich, noch auf der Straße, mit dem Inhalt vertraut machen. Ich bedauerte, daß ich nicht wußte, was für ein Buch es war; von weitem sah es aus wie ein Lehrbuch, aber ein Lehrbuch erweckt wohl kaum ein derartiges Interesse bei einem jungen Burschen. Waren es vielleicht Verse? Oder handelte es etwa von Wirtschaftskunde? Ich weiß es nicht.

Der Junge blieb eine Weile auf der Insel stehen, vertieft in das Buch. Er merkte nicht, daß er gestoßen wurde, daß sich die Menge in die Wagen drängte. Ein paarmal waren hinter ihm schon die Bahnen, wie rote Streifen, vorbeigefahren, er konnte noch immer seine Augen nicht von dem Buch losreißen. Und ich sah, wie er – möglicherweise weil ihn die Knuffe und das Gelärme ringsum dazu trieben, vielleicht aber auch, weil er unbewußt die Notwendigkeit verspürte, nach Hause zu eilen –, immer noch das Buch vor der Nase, von der Insel auf die Fahrbahn trat – unmittelbar vor ein heranbrausendes Auto.

Die Bremsen kreischten laut auf, die Reifen schleiften quietschend über den Asphalt, der Wagen wurde bei dem Versuch, dem Zusammenprall mit dem Jungen auszuweichen, heftig zur Seite gerissen und hielt dann plötzlich genau vor der Ecke der Tręebackastraße. Mit Entsetzen erkannte ich, daß es ein Wagen der Gestapo war. Der Jüngling mit dem Buch versuchte am Auto vorbeizukommen. Aber in diesem Augenblick öffnete sich die kleine hintere Tür, und zwei Individuen mit den bewußten Totenköpfen an den Helmen sprangen auf die Fahrbahn. So befanden sie sich unmittelbar neben dem Jungen. Der eine schrie mit kehliger Stimme auf ihn ein, der andere forderte ihn mit einer übertrieben höflichen Geste auf, einzusteigen.

Noch jetzt sehe ich den jungen Menschen, wie er an der kleinen Tür des Wagens stand, verlegen, geradezu beschämt… sehe ihn sich verteidigen mit einem verneinenden, naiven Kopfschütteln wie ein Kind, das verspricht, es wolle auch nie wieder… »Ich habe doch nichts getan«, schien er zu sagen, »ich war nur…« Und er deutete auf das Buch als die Ursache seiner Unaufmerksamkeit. Als ob hier eine Erklärung möglich gewesen wäre. In einer letzten Aufwallung seines verlorenen Lebens wehrte er sich einzusteigen.

Der Gendarm verlangte den Ausweis des Jungen, er riß ihm die Kennkarte aus der Hand und stieß ihn mit einer heftigen Bewegung in den Wagen. Der andere half ihm dabei, dann war der Junge in dem Wagenverschlag, die Gestapomänner folgten ihm, die Tür knallte zu, ruckartig fuhr der Wagen an und lenkte in raschem Tempo zur Szuch-Allee…

Dann war er meinen Augen entzogen. Ich sah mich um, ob nicht noch einer da wäre, der auch Verstehen zeigte. Mitempfinden für das, was sich hier zugetragen hatte. Denn der junge Mensch mit dem Buch war doch verschwunden. Zu meinem größten Erstaunen mußte ich erkennen, daß niemand dieses Geschehnis bemerkt hatte. Alles, was ich beschrieben habe, war so schnell geschehen, so blitzartig, und jeder in der Menge auf der Straße war so von der eigenen Hast beansprucht, daß die Entführung des jungen Menschen unbeachtet geblieben war. Die Frauen neben mir stritten darüber, mit welcher Straßenbahnlinie sie am bequemsten fahren würden, zwei Männer zündeten sich hinter der Säule an der Haltestelle Zigaretten an, das Weib neben dem an der Hauswand aufgestellten Korb rief pausenlos ihr: »Zitronen, schöne Zitronen« wie eine buddhistische Beschwörung, und andere junge Burschen rannten über die Straße den abfahrenden Bahnen nach, wobei sie riskierten, unter andere Autos zu geraten… Mickiewicz stand gelassen, und die Blumen dufteten; die Birkenstämmchen und die Ebereschen neben dem Denkmal bewegten sich im leisen Windhauch; das Verschwinden jenes Menschen war für niemand von Bedeutung. Ich ganz allein war Zeuge, daß Ikaros ertrunken war.

Ich verweilte noch lange auf der Stelle, abwartend, bis sich die Menge lichtete. Ich dachte, daß ›Michael‹ – so nannte ich ihn in Gedanken – vielleicht wiederkäme. Ich stellte mir sein Zuhause vor, die Eltern, die auf seine Rückkehr warteten, die Mutter, die das Abendbrot bereitete, und mir wollte nicht in den Kopf, daß sie nie erfahren sollte, auf welche Weise ihr Sohn umgekommen war. Da mir die Gewohnheiten unserer Okkupanten nicht fremd waren, dachte ich gar nicht daran, daß er sich etwa aus ihren Krallen hätte losreißen können. Er war doch auf so törichte Art hineingeraten! Die unsinnige Grausamkeit dieser Entführung erschütterte mich bis ins Innerste, sie erschüttert mich noch bis auf den heutigen Tag.

Diejenigen, die im Kampfe fielen, diejenigen, die wußten, wofür sie starben, vielleicht fanden sie einen Trost darin, daß ihr Tod einen Sinn hatte. Doch wie viele mögen es wohl gewesen sein, die wie mein Ikaros aus einem in seiner Sinnlosigkeit so grausamen Anlaß im Meer des Vergessens versunken sind?

Es wurde Abend, die Stadt fiel in einen fiebrigen, ungesunden Schlaf... Endlich bewegte ich mich von meiner Säule fort, ließ das Mickiewicz-Denkmal hinter mir und ging zu Fuß heimwärts... Doch in meinen Gedanken verfolgte mich unablässig das Bild Michaels, der den Kopf schüttelte, als ob er sagte: »Nein, nein, daran war bloß das Buch schuld... jetzt werde ich bestimmt aufpassen...«

(1945)

STEPHAN HERMLIN

Landschaft mit dem Sturz des Ikarus

Augen denen immer die äußere Welt
Fern und kühl mit dem Gestirn so fahl
Über der sanften See mannigfach und fatal
In sich ewig genügender Weite gefällt:
 Gruß euch! Eurem unendlichen Aufschlag geneigt
Stellt auch der sinnende Bauer den Fuß zum Pflug
Und der vergessene Leichnam im Busch ist vom Flug
Unsichtbarer Tauben beschattet Verschweigt
 Uns der bereitete Tag denn gar nichts vor Meer
Und fernwogender Stadt? Auch das Segel stimmt
Heftig-schön sich zur Welle. Ist niemand der
 Ikarus dich bejammert? Dädalus klimmt
Irgendwo im Azur wo er uns leer
Leuchtend-gleichgültig in die Umarmung nimmt

(1947)

MICHAEL HAMBURGER

Lines on Brueghel's ›Icarus‹

The ploughman ploughs, the fisherman dreams of fish;
Aloft, the sailor through a world of ropes
Guides tangled meditations, feverish
With memories of girls forsaken, hopes
Of brief reunions, new discoveries,
Past rum consumed, rum promised, rum potential.
Sheep crop the grass, lift up their heads and gaze

Into a sheepish present: the essential,
Illimitable juiciness of things,
Greens, yellows, browns are what they see.
Churlish and slow, the shepherd, hearing wings –
Perhaps an eagle's – gapes uncertainly;
Too late. The worst has happened: lost to man,
The angel, Icarus, for ever failed,
Fallen with melted wings when, near the sun
He scorned the ordering planet, which prevailed
And, jeering, now slinks off, to rise once more.
But he – his damaged purpose drags him down –
Too far from his half-brothers on the shore,
Hardly conceivable, is left to drown.

(1951)

Verse auf Brueghels ›Ikarus‹

Der Pflüger pflügt, der Fischer träumt von Fischen; hoch oben in der Takelage träumt der Seemann wirre Träume. Er fiebert im Andenken an verlassene Mädchen, hofft auf schnelle Wiedersehen und neue Entdeckungen im Rausch des vergangenen Rums, des versprochenen Rums und des künftigen Rums. Schafe grasen, heben ihre Köpfe und glotzen in ein belämmertes Dasein: sie sehen nur, wie saftig ringsum alles Grüne, Gelbe und Braune ist. Tölpisch und träge hört der Schafhirte Flügelschläge – vielleicht von einem Adler –, schaut ungläubig; zu spät. Das Schlimmste hat sich schon ereignet. Dem Menschen abhandengekommen, ist der Engel Ikarus für immer gescheitert, mit geschmolzenen Flügeln gefallen, als er, der Sonne nah, den Herrscherstern höhnte. Der siegte und macht sich spöttisch davon, um wieder aufzugehen. Aber jenem, den sein gescheitertes Vorhaben hinabzieht – zu weit weg von seinen Halbbrüdern an der Küste und kaum zu ahnen –, bleibt nur das Ertrinken.

WILLIAM CARLOS WILLIAMS

Landscape with the Fall of Icarus

According to Brueghel
when Icarus fell
it was spring

a farmer was ploughing
his field
the whole pageantry

of the year was
awake tingling
near

the edge of the sea
concerned
with itself

sweating in the sun
that melted
the wings' wax

unsignificantly
off the coast
there was

a splash quite unnoticed
this was
Icarus drowning

(1962)

Landschaft mit Sturz des Ikarus

Bruegel zufolge
war Frühling
als Ikarus stürzte

ein Bauer
pflügte sein Feld
das ganze Gepränge

des Jahrs war
erwacht zitternd
nah

dem Saum des Meeres
befaßt
mit sich selbst

schwitzend in der Sonne
welche das Wachs
der Schwingen schmolz

unbemerkt
vor der Küste
da spritzte

das Wasser auf unbemerkt
das war
Ikarus der ertrank

(Übertragen von Heinz Czechowski, 1991)

MARIE LUISE KASCHNITZ

Wohin denn ich. Aufzeichnungen

Auszug

Nicht während des Fluges, aber danach die Erinnerung an ein Bild, eine schon damals nicht ganz deutliche Erinnerung, weswegen ich es jetzt gewiß falsch beschreiben werde. Sehr weite, sehr bewegte Küstenlandschaft, eine Meeresbucht, von Bergen und Hügeln umgeben, auf den Bergen und Hügeln Wälder und Städte, Gärten und Schlösser, im Vordergrund Wiesen und ein großes, in Schollen noch brachliegendes Feld. Auf dem Wasser viele Schiffe mit feinen Rahen und geblähten Segeln, im Hintergrund über dem offenen Meer geht eben die Sonne auf, erst ein kleines Stückchen hat sie zurückgelegt und schwebt noch über dem Horizont. Die Schiffe sind vermutlich voller Seeleute, die im Morgenlicht blitzenden Städte voller Bürger, die ihr Tagwerk beginnen. Genau erkennbar sind nur drei Männer, die alle im Vordergrund des Bildes, also nah vom Beschauer, beschäftigt sind. Ein Bauer, der pflügt, ein Schäfer, der seine Herde über die Wiese treibt, ein Fischer, der die Angel ins Wasser geworfen hat und im Begriff ist, einen Fisch herauszuziehen. Dort aber, das heißt, im Wasser, und gar nicht weit von dem über die grüne, blitzende Flut gebeugten Fischer noch etwas Erstaunliches, nämlich ein paar Beine, die, mit den Füßen gegen den Himmel, um sich schlagen, während alles, was noch zu einem Menschen gehört, Oberschenkel, Leib, Kopf, schon im Wasser verschwunden ist, einen Augenblick später wird auch von den hellen Beinen nichts mehr zu sehen sein. Nicht, daß man diesen Vorgang miterlebte, ein Bild ist ein Bild und kann nur eines festhalten, in diesem Falle den Todeskampf, aber einen der undramatischsten, die man sich vorstellen kann.

Zum Drama gehört der Nebenmensch, gehört das Entsetzen des anderen, seine Teilnahme oder sein Triumph, da darf nicht ganz nebensächlich einer ins Wasser fallen, während der Bauer ruhig hinter seinem Pflug hergeht, der Schäfer mit frommen Blicken den Morgenhimmel betrachtet und der Fischer nichts anderes im Sinn hat als, ob ihm der Fisch an die Angel geht oder nicht. Was auf dem Bild dargestellt werden sollte, war Sprichwortweisheit, also Binsenweisheit, in der nicht Wahrheit, nur Lebenserfahrung steckt. Kein Pflug steht still um eines Menschen willen, der stirbt, und wer hätte das nicht schon erlebt, wie unerbittlich das Leben darauf besteht, weitergeführt zu werden, den Trauernden zum Hohn. Das aber kann ich nicht ertragen, daß so wie sonst die Sonne lacht, auf dem Bild, das ich im Sinn habe, lacht sie tatsächlich, Morgenglanz in jedem Winkel, ein Sieg des Lebens, der über alle Sprichwortweisheit hinausgeht und gerade damit die nicht einmal besonders schmerzliche Nebensächlichkeit dieses Todes enthüllt. Der Titel des Bildes ist dann verwirrend, Ikarus heißen die zappelnden Beine, kein Unbekannter ist da zufällig ins Wasser gefallen, sondern der geflügelte Jüngling, der der Sonne zu nahe kam und durch den ganzen riesigen Himmel stürzte und starb. Von dem Himmelssturz hat der gelehrte und vernünftige Brueghel nur den allerletzten Augenblick festgehalten, eben diese Beine, die lächerlich strampeln – so als habe er sich lustig machen wollen über das jämmerliche Ende eines Traums. Nicht nur über den uomo qualunque, sondern sogar über Ikarus wird hinweggelebt, hinweggepflügt, -geweidet, -gefischt. Es macht keinen Unterschied, wer stirbt, immer der einzelne gegen die vielen, die leben wollen und leben werden. Den Unterschied macht erst die gänzliche Vernichtung, Auslöschung, die heute von allen mit unbegreiflichem Gleichmut schon ins Auge gefaßt wird. Kein Ikarus mehr, aber auch kein Bauer mehr, kein Schäfer mehr und kein Fischer mehr, keine Städte und Schiffe, nur die Sonne, die trotzdem aufsteigt: das ist ein Zustand, dem weder mit dem Glanz der Sage noch mit der nüchternen Spruchweisheit des Rationalisten nahezukommen ist.

(1963)

Wciąż o Ikarach głoszą – choć doleciał Dedal
jakby to nikłe pierze skrzydłom uronione,
chuda chłopięca noga zadarta do nieba
– znaczyła wszystko. Jakby na obronę
dano nam tyle męstwa, co je ćmy gromadą
skwiercząc u lampy objawiają …
                                        Jeśli
poznawszy miękkość wosku umiemy dopadać
wybranych brzegów – mijają nas w pieśni.
Tak jak mijają chłopa albo mu się dziwią,
że nie patrzy w Ikary …
                              Breughel, co osiwiał
pojmując ludzi, oczy im odwracał
od podniebnych dramatów. Wiedział, że nie gapić
trzeba się nam w Ikary, nie upadkiem smucić
– choćby najwyższy …
                                  A swoje ucapić.
Czy Dedal, by ratować Ikara, powrócił?

(1966)

Ikarus predigen alle – aber Dädalus kam ans Ziel.
Als ob der nichtige Flaum, der dem Flügel entfiel,
das magere Knabenbein, steil gereckt in den Himmel,
schon alles wäre. Als stünde uns zur Wehr
nur jener Heldenmut, wie ihn der Motten Gewimmel,
an der Lampe verschmorend, beweist...
Wenn es gelingt,
erfahren in des Wachses Weichheit, die schon von
fernher
auserkornen Ufer zu erreichen – verschweigt uns das
Lied.
Wie es den Bauern nicht achtet oder nur staunt,
daß er nicht aufschaut zu Ikarus...
Brueghel, der ergraut
ist überm Studium der Menschen, wendete ihre Augen
von den luftigen Dramen, wissend: nicht gaffen
nach dem Flieger tut not, noch seinen Sturz und
Schrecken
zu beklagen...
Sondern unseres schaffen.
Kehrte Dädalus um, Ikarus zu retten?

(Übertragen von Heinrich Olschowsky, 1973)

ALEXANDER FHARES

IKARUS

ALS IKARUS FIEL

Pflügte gelassen ein Bauer und
spuckte in hohem Bogen seinen
Pfriem von sich es ist noch kein
Meister vom Himmel gefallen das
Korn wächst wie mans sät
Und eine Frau stand am Balkon

ALS IKARUS FIEL

Und trällerte laut vor sich hin
und sah aus den Augenwinkeln ein
weißes Bein verschwinden im
Meer ein Delphin dachte sie und
knüpfte die Wäsche des Mannes
Und eine Kuh ließ sich bespringen

ALS IKARUS FIEL

Im Hofe wälzten sich Schweine ein
Büffel grunzte im Schlamm und
Hähne kämpften um Hennen ein
Tourist machte rasch einen Schnappschuß
die bunten Federn das blaue Meer
und auf ihm ein stolzer Segler

ALS IKARUS FIEL

Der fuhr mit lärmenden Menschen
schnittig über den Sturzpunkt und
Gesichter hinter dunklen Brillen

Zwischen den Zähnen Eiskrem
blickten nicht auf zur Sonne
und niemand hörte den Schrei

ALS IKARUS FIEL

(1972)

RICHARD ANDERS

Musées royaux des Beaux-Arts

Sobald ich ihn anblicke
ist Pieter Brueghels Ikarus
schon längst da und stürzt
Überlistet wie der Hase
springe ich aus der Traufe
in den Regen von Brüssel

(1975)

ULRICH BERKES

Sturz des Ikarus

Auf dem gemälde: südliche landschaft am abend. Der bauer pflügt. Der hirte hütet seine herde. Der angler angelt. Zwischen idyllischen inseln segeln schiffe dahin. Die sonne sinkt.

Sommermorgen überm meer. Ikarus fliegt. Die küste schwindet hinter ihm. Unten liegen inseln im licht. O jugendliche lust des steigens in unerhörte höhe, hier sind die lüfte kühl. Die erde ist eine landkarte. Der ephebe wird zum engel, hört nur das rauschen des bluts in den ohren und fliegt in den himmel.

Er stürzt ins bild zurück. Das unglück bleibt am rand, und unbemerkt von bauer, angler, hirt versinkt der junge. Er flog zu hoch hinaus. Er sah die welt wie nie.

(1976)

ULRICH BERKES

Warum Ikarus

Als ich die reproduktionen von Breughels Landschaft mit dem Sturz des Ikarus wieder betrachtete, fragte ich mich, warum dieser junge nahe am ufer, dessen zappelnde beine aus dem wasser ragen, eigentlich Ikarus sein muß und nicht der sohn des pflügenden bauern, der noch ein bißchen schwimmt und taucht am späten nachmittag, bevor er mit pferd und pflug nach hause geht zum abendbrot und ins bett, um dann vielleicht von einem schiff zu träumen, das stolz vorübersegelt zu ferneren ufern.

(1980)

GISBERT KRANZ

Bruegel

Die strampelnden Beine
ganz rechts
auf Postkartendruck
noch eben sichtbar.

Aber der Tote
kopfunten
im dunklen Busch
ganz links
erst am Original
zu erkennen.

Dädalus?
Die Sprichwortleiche?

Sicher nur dies:
Ob einer pflügt
oder fliegt –
der Tod,
auch ungesehen,
ist immer dabei.

(1981)

THOMAS ROSENLÖCHER

Breughels Ikarus

Ja, das Prunkschiff setzt seine Fahrt unbeirrt fort.
Der Pflüger den Stolpertanz. Doch so, wie die Hintern der
Schafe einander mustern, kehrt sich, was sich abkehrt, zu.
In einem weiten Rund eisstarrendes Felsgezack.
Der Sonne Abschiedsblick über die Städte, das Meer.
Selbst im Gebüsch der Tote, unter vielen ein
Auge. Das hundertfach aufgestickte Laub
sieht, was du siehst, da du dich nach vorn beugst: Aha,
der Sturz des Ikarus. Und, Standbein, Spielbein, da stehst:
In selbstverständlichen Hosen, die Uhr am Handgelenk.
Ja, noch die winzignackt ins Leere schlagenden
Beine sehn sich im Verschwinden ausdrücklich nach dir
um,
da du deine Fahrt unbeirrt fortsetzt von Bild zu Bild.
Alles auf der Welt betrachtet einander.
Nur der Kopf unter Wasser ist völlig allein.

(1996)

WOLF BIERMANN

à la lanterne! à la lanterne!

Schluß

Das berühmte Bild »Landschaft mit Sturz des Ikarus« kennen wir gut genug. Wir haben nach einigem Suchen sogar das Messer entdeckt am Rande des Feldes und, kaum zu sehn, den Toten da im Gebüsch. Es gibt allerdings auf Pieter Breughels Bild eine physikalische Ungereimtheit, auf die man sich manchen Reim machen kann. Sie erinnern sich, meine schöne dunkle Dame: Der Bauer pflügt seinen Acker. Der Schäfer schäfert. Das Schiff segelt ins Offene. Der Angler angelt. Alle sind beschäftigt. Nur das Rebhuhn (auf griechisch: Perdix) sitzt im Busch und sieht, wie sich Ikarus unter den Augen seines hilflosen Vaters mit zerfledderten Flügeln vom hohen Himmel ins Meer zu Tode stürzt.

Aber die Sonne! Warum steht der Sonnenball tief unten am Horizont? Breughel malte ja nichts ohne Hinter- und Nebengedanken. Es wimmelt in seinen Werken von tiefsinnigen Anspielungen und Sprichwörtern, von Lebensregeln und abergläubischem Schnickschnack.

Wie ist das mit der Physik in diesem Drama? Der Sohn des Dädalus hatte sich doch hoch oben, wo es immer kälter wird, an den heißen Strahlen der Mittagssonne die künstlichen Flügel verdorben. Das Wachs war geschmolzen, die Federn versengt. Der übermütige Junge kann doch aber nicht bis zum Sonnenuntergang, also viele, viele Stunden lang, gestürzt sein, bis endlich die Wellen ihn verschlangen. Die Schwerkraft der Erde zog den entflügelten Jünglingskörper immerhin mit einer Beschleunigung von

$$g = 9{,}807\ m/sec^2$$ in die Tiefe.

Also nach einer Fallzeit t hatte Ikarus einen Weg $s = {}^1\!/_2\, gt^2$ zurückgelegt. Ich rechne mir aus: Man soll weder dem Niederländer Breughel noch der Tochter des Zeus mit der

Newtonschen Physik kommen. Aber warum stürzt der Sohn des Dädalus so lange? – Vielleicht ist nicht die physikalische, sondern die moralische Fallhöhe gemeint. Schön schlimm muß die Strafe sein, sagt mit seinem Pinsel der Maler. Strafe! Rache! Sühne! Auch wenn mal wieder kein Schwein hinsieht, auch wenn uns der ethische Schönheitsfehler stört, daß ja der schuldlose Ikarus als Demonstrationsobjekt herhalten muß für die Recht-Haberei der Göttin. Athene opfert einen Menschen. Es dient aber der höheren Gerechtigkeit im Mythos: Er soll es erleiden, der Vater. Schön lange sollte der Mörder des Knaben Perdix mit eigenen Augen sehn, wie weh es tut, wenn Ikarus, sein Kind, sich zu Tode stürzt. Strafe, Sühne, Rache. Das kommt davon! In Klammern: Wer will eigentlich wissen, ob diesem abgebrühten Tausendkünstler der Tod des eigenen Kindes nicht am Arsch vorbeiging? Aber sei's drum.

Ich suchte nicht danach, ich ging im Walde des Mythos so für mich hin und habe etwas gefunden.

Es existieren nämlich zwei Originale des Bildes von Pieter Breughel. Das eine hängt im Musée des Beaux-Arts in Brüssel und das andere in New York. Die beiden unterscheiden sich nur in einem Punkt. Auf dem Gemälde in Amerika sieht man links oben im hohen Himmel den Vater fliegen. Dädalus fliegt weiter auf seiner Route, aber er wendet den Blick zurück, zum sterbenden Sohn.

Diese Pose kenn ich doch! Es ist der Angelus Novus, wie ihn der Kulturphilosoph Walter Benjamin uns beschrieben hat: der Engel der Weltgeschichte. Ein Sturmwind aus dem Paradies treibt ihn unaufhaltsam in einen entsetzlichen Fortschritt. Der Angelus starrt mit rückwärtsgewandtem Blick auf eine permanente Katastrophe, die unsereins Geschichte nennt. Dieses Gleichnis fasziniert, denn es provoziert immer wieder neu unsere apokalyptischen Phantasien.

Aber wie die meisten guten Erfindungen – auch diese ist nicht ganz neu. Unser geflügelter Dädalus kommt aus keinem Paradies. Und obwohl ihn kein Sturmwind treibt, kehrt der Mann nicht um, seinen Sohn zu bergen. Den Angelus Novus treibt es übermächtig voran. Dädalus aber, der Mensch – das »unselig Mittelding von Engeln und von Vieh« –, hat die schreckliche Freiheit der Entscheidung. Ihn zwingt kein Sturm vom Sündenfall her, ihn zwingt der freie Wille. Der Vater des Ikarus fliegt weiter über das Meer zum sicheren Ufer. Er kommt aus der Hölle der Gefangenschaft auf Kreta, und er fliegt in die rettende Hölle der Einsamkeit.

Ja, Dädalus. Und wenn wir vom Mythos erst einmal abgelernt haben, die schuldig gewordenen Menschenfeinde aus raffinierter Rache lieber leben zu lassen, dann gewinnen wir Abstand. Wir müssen uns also nicht mit dem Blut unserer Peiniger beflecken. Wenn ich daran denke, daß Margot und Erich nun einsam in der chilenischen Botschaft im ungastlichen Moskau eingesperrt sind, einer des anderen Strafe, dann lacht mein böses Herz. Ja, solln sie doch weiterleben! Das ist es, was in uns lügt, mordet und stiehlt: Ich selbst bin der Mörder Dädalus. Sein Beispiel, meine dunkle Dame, entbindet uns so angenehm von der moralischen Pflicht zu töten.

(1992)

Kopie nach Pieter Brueghel: Der Sturz des Ikarus.
Öl/Leinwand. Ende 16. Jahrhundert.

Quellen und Anmerkungen

Folgendes Quellenverzeichnis weist die Druckvorlagen in alphabetischer Folge ihrer Verfasser nach. Zitiert wird in der Regel nach leicht zugänglichen Werkausgaben mit gesichertem Text, ansonsten nach den ersten oder verläßlichen zeitgenössischen Drucken. Die den Texten nachgestellten Datierungen nennen jeweils das Datum des Erstdrucks oder die Entstehungszeit. Die mancherorts beigefügten Kommentare und Worterläuterungen bleiben auf notwendige historische Erhellungen und Verständnishilfen beschränkt.

Allen fremdsprachig abgedruckten Texten sind Übersetzungen beigegeben. Bei poetischen Übertragungen wird der Übersetzer im Text genannt. Bei verständnisfördernden Prosaübersetzungen, die den Originalen nachgeordnet sind, wird die Herkunft der Übersetzung im Quellenverzeichnis nachgewiesen. Erfolgt kein Nachweis, so wurde die Übersetzung eigens für vorliegenden Band angefertigt und ist von den Herausgebern zu verantworten.

Dank

Vorliegende Anthologie wäre nicht zustande gekommen ohne die vielfältige Unterstützung durch Kollegen und Mitarbeiter.

Für die selbstlose Hilfe bei den zahlreichen Neuübersetzungen aus dem Lateinischen, Italienischen, Spanischen, Französischen und Englischen danken die Herausgeber herzlich Gunda Aurnhammer, Reinhard Düchting, Vito R. Giustiniani, Simone Hauns, Frank-Rutger Hausmann, Konrad Huber, Klaus Kiewert, Chiara Marmugi, Sandra Pfahler und Hermann Wiegand.

Größter Dank für ihren unermüdlichen Einsatz bei Nachweis und Beschaffung der oft abgelegenen Quellen sowie bei Erfassung und Korrektur der Texte gebührt Peter-Henning Haischer, Simone Hauns, C. J. Andreas Klein, Hasso Klimitz, Anja Kury, Sandra Pfahler, Joachim Rönneper und Silvia Wrobel.

GERD ADLOFF (*1952)

Selbstmord 170
– V. 1 spielt an auf Gottfried Benns Gedicht »Da fiel uns Ikarus vor die Füße«.
G. A.: Fortgang. Gedichte. Berlin: Verlag der Nation, 1985, S. 60. – © Gerd Adloff, Berlin.

ANDREAS ALCIATUS (1492–1550)

In astrologos / Wider die sternseher 54
– Holzschnitt: Die Fußflügel der Ikarus-Gestalt zeigen, daß sich der Künstler ikonographisch an Merkur-Darstellungen orientiert.
A. A.: Emblematum Libellus. Reprint der lateinisch-deutschen Ausgabe Paris 1542. Hrsg. von August Buck. Darmstadt: Wissenschaftliche Buchgesellschaft, 1991, S. 122f. Anonymer Holzschnitt nach JÖRG BREU.

RICHARD ANDERS (*1928)

Musées royaux des Beaux-Arts 211
R. A.: Preußische Zimmer. Darmstadt: Bläschke, 1975, ohne Seite. – © Richard Anders, Berlin.

SASCHA ANDERSON (*1953)

der meissner ikarus 172
– V. 4: *zyklamrote*: ins Bläuliche spielendes Rosarot.
– V. 16: *endmoränenhügel*: am Ende des Gletschers gebildeter Geröllhügel.
S. A./Ralf Kerbach: totenreklame. eine reise. texte und zeichnungen. Berlin: Rotbuch, 1983, S. 12f. – © 1983 Rotbuch Verlag, Berlin.

APOLLODOROS (um 140 v. Chr.)

(1) Chronik II 132 32
(2) Chronik III 9–11 32
(3) Chronik III 214 33
(4) Epitome I 12–14 33
Griechische Sagen. Apollodoros – Parthenios – Antoninus Liberalis – Hyginus. Eingeleitet und neu übersetzt von Ludwig Mader. Zürich: Artemis, 1963, (1) S. 66; (2) S. 79; (3) S. 122; (4) S. 126. – © Artemis & Winkler Verlag, Düsseldorf/Zürich.

FRANCESCO APOSTOLI (2. Hälfte 16. Jh.)

In Icari simulacrum 55
Delitiæ CC. Italorum Poetarum, huius superiorisque ævi illustrium. Hrsg. von Janus Gruter. Frankfurt/Main: Rosa, 1608, S. 249.

ERICH ARENDT (1903–1984)

(1) Ode IV 149
(2) Pieter Breughel III 192
E. A.: Aus fünf Jahrzehnten. Gedichte. Rostock: Hinstorff, 1968, (1) S. 296–298; (2) S. 112f.

LUPERCIO LEONARDO DE ARGENSOLA (1559–1613)

En sus ligeras alas confiado 73
L. L. de A.: Rimas. Hrsg. von José Manuel Blecua. Bd. 1. Saragossa: Instituto »Miguel de Cervantes«, 1950, S. 260.

LUDOVICO ARIOSTO (1474–1533)

Del mio pensier 60
Original aus: L. A.: Opere. Bd. 3: Carmina, Rime, Satire, Erbolato, Lettere. Hrsg. von Mario Santoro. Turin: Unione Tipografico, 1989, S. 218f.
Übersetzung aus: L. A.: Sämtliche poetischen Werke. Übertragen von Alfons Kissner. Bd. 4: Komödien und Gedichte. Berlin: Propyläen, 1922, S. 507f.

LUDWIG ACHIM VON ARNIM (1781–1831)

Holländische Liebhabereien 95
– Z. 18: *Proteus*: Meergreis mit der Fähigkeit, seine Gestalt zu wechseln.
– Z. 42: *Tiresias*: Berühmter thebanischer Seher; als er zwei sich paarende Schlangen störte, wurde er in eine Frau verwandelt, bevor er nach sieben Jahren durch denselben Zauber sein männliches Geschlecht wiedererlangte.
– Z. 43: *Narcissus*: Schöner Jüngling, der die Nymphe Echo verschmäht und dafür mit unstillbarer Selbstliebe bestraft wird. Er verzehrt sich vor Sehnsucht nach seinem Spiegelbild, bis er in die nach ihm benannte Blume verwandelt wird.
L. A. v. A.: Landhausleben. Erzählungen. Bd. 1. Leipzig: Hartmann, 1826, S. 195–292, hier S. 212–216.

WYSTAN HUGH AUDEN (1907–1973)

Musée des Beaux Arts 189

W. H. A.: Collected Poems. Hrsg. von Edward Mendelson. London: Faber and Faber, 1991, S. 179.

Deutsche Fassung von Wolf Biermann, siehe in W. B.: Der Sturz des Dädalus, S. 186 des vorliegenden Bandes.

ROSE AUSLÄNDER (1901–1988)

Ikarus 168

R. A.: Gesammelte Werke. Bd. 5: Ich höre das Herz des Oleanders. Gedichte 1977–1979. Hrsg. von Helmut Braun. Frankfurt/Main: S. Fischer, 1984, S. 51. – © S. Fischer Verlag GmbH, Frankfurt am Main, 1984.

INGEBORG BACHMANN (1926–1973)

Die blinden Passagiere 148

I. B.: Werke. Hrsg. von Christine Koschel u. a. Bd. 4: Essays. Reden. Vermischte Schriften. Anhang. München/Zürich: Piper, 1978, S. 35–44, hier S. 39. – © Piper Verlag GmbH, München 1978.

FRANCIS BACON (1561–1626)

Scylla and Icarus, or the Middle-way 50

– Z. 24 f.: Heraklit, Fragmente, B. 118 [»Trockene Seele – die klügste und vollkommenste«].

Englische Fassung (von Sir Arthur Gorges) aus: F. B.: De Sapientia Veterum and The Wisedome of the Ancients. Reprint der Ausgaben London 1609 und 1619. Hrsg. von Stephan Orgel. New York/London: Garland, 1976, S. 144–146.

Übersetzung nach: F. B.: Weisheit der Alten. Aus dem Lateinischen und Englischen übertragen und mit Anmerkungen versehen von Marina Münkler. Hrsg. und mit einem Essay von Philipp Rippel. Frankfurt/Main: Fischer, 1991, S. 70f.

JACOB BALDE (1604–1668)

Melancholia 80

J. B.: Dichtungen. Lateinisch und deutsch. Hrsg. und übersetzt von Max Wehrli. Köln/Olten: Hegner, 1963, S. 36f.

Johann Gottfried Herder hat in seiner verkürzenden Übersetzung die Dädalus-Antonomasie (»Graeculus«) aufgelöst und sie ins Zentrum gerückt:

Melancholie

Muß ich im Kerker dann, in diesem traurigen Lande
Öde verblühn und frühe verwelken?
Sind die Bande, die hier mich fesseln, nimmer zu lösen?
Nicht zu zersprengen der Thurm, der mich einschließt?
Dädalus schuf sich Flügel; ich darf der wächsernen Flügel
Nicht, die über dem Meere zerschmelzen! –
Kann mein freies Gemüth sich nicht aufschwingen, wohin es
Will? Kein tobender Wind in den Fluthen,
Auf dem Lande kein Riegel verhindert den Geist, daß er auffliegt,
Über Alpen und Wolken und Sterne.
Und hat Apollo mir nicht der Gaben höchste, die Dichtkunst,
Milde geschenkt, die auf Flügeln des Ostwinds
Auf der Aurora Flügeln sich hebt? – – O Erretterinn, auf dann!
Ferne von hier! bis zum Bett der Aurora! –

CHARLES BAUDELAIRE (1821–1867)

Ch. B.: Œuvres complètes. Bd. 1. Hrsg. von Claude Pichois. Paris: Gallimard, 1990, S. 143.

Stefan George: Sämtliche Werke in 18 Bänden. Hrsg. v. der Stefan George-Stiftung, Stuttgart. Band 13/14: Baudelaire. Die Blumen des Bösen. Umdichtungen. Bearb. v. Georg P. Landmann. Klett-Cotta, Stuttgart 1983.

Stefan Zweig: Rhythmen. Nachdichtungen ausgewählter Lyrik von Emile Verhaeren, Charles Baudelaire und Paul Verlaine. Hrsg. von Knut Beck. Frankfurt/Main: S. Fischer, 1983, S. 202. – © S. Fischer Verlag GmbH, Frankfurt am Main, 1983.

Rainer Maria Rilke: Übertragungen. Hrsg. von Ernst Zinn und Karin Wais. Frankfurt/Main: Insel, 1975, S. 293.

JOHANNES R. BECHER (1891–1958)

J. R. B.: Gesammelte Werke. Hrsg. vom Johannes-R.-Becher-Archiv der Deutschen Akademie der Künste zu Berlin. (1) Bd. 8: Dramatische Dichtungen. Berlin/Weimar: Aufbau, 1971, S. 5–15; (2) Bd. 4: Gedichte 1936–1941. Berlin/Weimar: Aufbau, 1966, S. 649–656.

GOTTFRIED BENN (1886–1956)

(1) Da fiel uns Ikarus vor die Füße 119
Erstdruck als Nr. VII des Gedichtzyklus *Alaska* in der expressionistischen Zeitschrift *Die Aktion* vom 26. Februar 1913.
– V. 3: *Thermopylä:* Engpaß im Kallidromosgebirge, den der spartanische König Leonidas mit wenigen Männern gegen die Perser verteidigte; die wörtliche Bedeutung ›warme Tore‹ motiviert Benns Übertragung auf das weibliche Genitale.
(2) Ikarus I–III 120
G. B.: Sämtliche Werke. Stuttgarter Ausgabe. In Verb. m. Ilse Benn hrsg. v. Gerhard Schuster. Bd. 1: Gedichte 1. Stuttgart: Klett-Cotta, 1986, (1) S. 23; (2) S. 39f.

ULRICH BERKES (*1936)

(1) Sturz des Ikarus 212
(2) Warum Ikarus 212
(1) U. B.: Ikarus über der Stadt. Ausgewählte Gedichte. Aachen: Rimbaud, 1997, S. 34; (2) Neue Deutsche Literatur 28 (1980), H. 12, S. 100. –

WOLF BIERMANN (*1936)

(1) Ballade vom preußischen Ikarus 167
Von der Entstehung berichtet Biermann: »Die Weidendammerbrücke in Berlin stammt aus der wilhelminischen, aus der preußischen Gußeisenzeit. Die Ornamente des Geländers kulminieren in der Mitte zum preußischen Adler. Und als ich mich eines Tages vor diesen verhaßten Vogel hinstellte und dann ein Foto sah, das mein Freund von dieser halbalbernen Szene geschossen hatte, da wuchsen mir die Eisenflügel aus den Schultern, da hatte mich wieder diese ganze Furcht vor einem Absturz eines Tages. Eines schlimmen Tages im Westen« (W. B.: Preußischer Ikarus, S. 107).
(2) Der Sturz des Dädalus 186
(3) à la lanterne! à la lanterne! 215
(1) W. B.: Alle Lieder. Köln: Kiepenheuer & Witsch, 1991, S. 284 f. – (2) W. B.: Klartexte im Getümmel. 13 Jahre im Westen. Von der Ausbürgerung bis zur November-Revolution. Hrsg. von Hannes Stein. Köln: Kiepenheuer & Witsch, 1990, S. 289–312, hier S. 289–292. – (3) W. B.: Der Sturz des Dädalus oder Eizes für die Eingeborenen der Fidschi-Inseln über den IM Judas Ischariot und den Kuddel-

muddel in Deutschland seit dem Golfkrieg. Köln: Kiepenheuer & Witsch, 1992, S. 243–276, hier S. 273–276. – © 1992 by Verlag Kiepenheuer & Witsch Köln.

FRIEDRICH BISCHOFF (1896–1976)

Brueghel-Legende 193
Glanz von innen. Dichter über Bildwerke, die sie lieben. Hrsg. von Henri Nannen. München: Bruckmann, 1943, S. 96–98. – © F. Bruckmann KG München, 1943.

JOHANNES BISSELIUS S. J. (1601–1682)

Icaria 56
Der jesuitische Dichter parallelisiert die Niederlage des Kurfürsten Friedrichs V. von der Pfalz, des böhmischen »Winterkönigs«, in der Schlacht am Weißen Berg (1620) mit dem Sturz des Ikarus. Die Zeichnung, die die allegorische Gestalt des Titelkupfers in der rechten Hand hält, illustriert die konfessionspolemische Indienstnahme des Mythos.
– V. 1–2: Ovid, Trist. I 1, 89–90 und III 4, 22.
J. B.: Icaria. Ingolstadt: Haenlin, 1637, Kupfertitel und S. 257. Kupferstich von WOLFGANG KILIAN.

KARL BRÖGER (1886–1944)

Schatten des Ikaros 118
K. B.: Sturz und Erhebung. Gesamtausgabe der Gedichte. Jena: Diederichs, 1943, S. 225f. [Entstehungsdatum nicht ermittelt]. – © Eugen Diederichs Verlag, München.

ERNEST BRYLL (*1935)

Wciąż o Ikarach głoszą. 208
Original aus: E. B.: Sztuka stosowana. Warszawa 1966, S. 47.
Übersetzung aus: Polnische Lyrik aus fünf Jahrzehnten. Hrsg. von Henryk Bereska und Heinrich Olschowsky. 2. Auflage. Berlin/Weimar: Aufbau, 1977, S. 387.

CELIO CALCAGNINI (1479–1541)

Casus Icari 85
– V. 3: *medio tutissimus ibis*: Ovid, Met. II 137.
Delitiæ CC. Italorum Poetarum, huius superiorisque ævi illustrium. Hrsg. von Janus Gruter. Frankfurt/Main: Rosa, 1608, S. 522.

TOMMASO CASTELLANI (†1541)

Avventurate, ma piú audaci piume 72
– V. 13: Amor,] emendiert aus: Amor;
Zitiert nach: Joseph G. Fucilla: Etapas en el Desarrollo del Mito de Icaro en el Renacimiento y en el Siglo de Oro. In: J. G. F.: Superbi colli e altri saggi. Rom 1963, S. 45–84, hier S. 56.

GILLES CORROZET (1510–1568)

Faire tout par moyen 52
G. C.: Hecatongraphie. C'est à dire les descriptions de cent figures & hystoires, contenants plusieurs appophthegmes, proverbes, sentences & dictztant des anciens, que des modernes. Paris: Janot, 1543 [zuerst 1540], Bl. K b. Holzschnitt von JEAN COUSIN.

ALLAN CURNOW (*1911)

The Fall of Icarus 195
Original aus: A. C.: Collected Poems 1933–1973. Wellington [u. a.]: Reed, 1974, S. 125.
Übersetzung nach: Gisbert Kranz: Meisterwerke in Bildgedichten. Rezeption von Kunst in der Poesie. Frankfurt/Main [u. a.]: Lang, 1986, S. 363.

DANIEL CZEPKO (1605–1660)

(1) Nichts ohne Gefahr 78
Guarinis Madrigal *Cor volante* bildet die Vorlage.
Zwei Reimwörter wurden emendiert:
– V. 2: begonnen] gewonnen
– V. 10: gewinnen] beginnen
(2) An seinen Freund, der sich zum Fenster hinaus begeben müßen 87
– V. 3: Entweder durchgängig Imperative und Personalpronomen (2. Pers. Pl.), die folgendes Verständnis nahelegen: ›Ihr Liebenden, macht es wie ich und hütet euch vor diesem Haus!‹; oder Indikative und Possessivpronomen (Fem. Sing.): ›Der Liebhaber der verheirateten Frau hat sich wie Ikarus verstiegen und meidet fortan dieses Haus.‹
D. C.: Sämtliche Werke. Bd. 1, Tl. 1: Lyrik in Zyklen. Hrsg. von Hans-Gert Roloff und Marian Szyrocki. Berlin/New York: de Gruyter, 1989, (1) S. 172; (2) S. 212.

GABRIELE D'ANNUNZIO (1863–1938)

(1) L'ala sul mare 107
Aus seinem Sonett zitiert D'Annunzio im ersten Buch seines Romans *Forse che sí, forse che no* (1910).
– V. 6: *fabro*: Antonomasie für Dädalus.
– V. 11: *folle volo*: Dante, Inferno XXVI 125.
– V. 13: *medio limite*: Latinismus nach Ovid, Met. VIII 203.
(2) ALTIVS EGIT ITER 108
– Titel: Ovid, Ars am. II 84.
G. D'A.: Alcyone. Hrsg. von Federico Roncoroni. Mailand: Mondadori, 1982, (1) S. 581; (2) S. 584f.

LAURO DE BOSIS (1901–1931)

Icaro 131
Für sein Versdrama erhielt De Bosis bei den Olympischen Spielen 1928 in Amsterdam die Goldmedaille in der Disziplin ›Dichtung‹. Der Verfasser kehrte von einem Flug am 3. Oktober 1931 über Rom, bei dem er antifaschistische Flugblätter abwarf, nicht mehr zurück.
L. De B.: Icaro. With a translation by Ruth Draper. London/New York: Oxford University Press, 1933, S. 184–186. – Mit Genehmigung von Oxford University Press.

PHILIPPE DESPORTES (1546–1606)

Icare est cheut icy 74
Prätext des Sonetts, das die *Amours d'Hippolyte* eröffnet, ist Sannazaros »Icaro cadde qui«. Desportes greift das Ikarus-Thema im neunten Gedicht des Zyklus nochmals auf.
Ph. D.: Les amours d'Hippolyte. Hrsg. von Victor E. Graham. Genf: Droz/Paris: Minard, 1960, S. 11f.

RUDOLF ADRIAN DIETRICH (1894–1969)

Wie zu gläsernen Scherben 130
R. A. D.: Der Gotiker. 3., erweiterte Ausgabe. Hamburg: Mölich, 1948, S. 32.

FRITZ DIETTRICH (1902–1964)

Die Flügel des Daidalos 134
F. D.: Werke. Bd. 3: Dramen und Prosa. Hrsg. von Wilfried Brennecke. Göttingen: Sachse und Pohl, 1966, S. 9–58, hier S. 54–58.

DIODOROS (1. Jh. v. Chr.)

Historische Bibliothek IV 77, 5–9 35
D.: Griechische Weltgeschichte. Buch I–X. Zweiter Teil. Übersetzt von Gerhard Wirth und Otto Veh. Eingeleitet und kommentiert von Thomas Nothers. Stuttgart: Hiersemann, 1993, S. 421. – © Anton Hiersemann Verlag, Stuttgart.

WILLIAM DRUMMOND OF HAWTHORNDEN (1585–1649)

Icarus 62
– V. 10–12 imitieren das zweite Terzett von Sannazaros Sonett »Icaro cadde qui«.
W. D. of H.: The Poetical Works. Hrsg. von L. E. Kastner. Bd. 1. New York: Haskell, 1968, S. 103.

OTTOMAR ENKING (1867–1945)

Ikariden 105
O. E.: Ikariden. Roman. 2 Bde. Dresden/Leipzig: Reißner, 1900, hier Bd. 2, S. 232f.

HERBERT EULENBERG (1876–1949)

Ikarus und Daedalus 110
H. E.: Ikarus und Daedalus. Ein Oratorium. Leipzig: Rowohlt, 1912, (1) S. 14f.; (2) S. 23–25.

ONORATO FASCITELLO (1502–1564)

Icaro io son 67
Fascitellos Autorschaft ist nicht unumstritten.
O. F.: Opera. Hrsg. von Gian Vincenzo Meola. Neapel 1776, S. 28.

ALEXANDER FHARES (d. i. ALEXANDER L. CZOPPELT) (*1939)

IKARUS 210
Die Horen 17 (1972), H. 87, S. 252.

THEODOR FONTANE (1819–1898)

Ikarus 105
Th. F.: Sämtliche Werke. Bd. 6. Hrsg. von Walter Keitel. München: Hanser, 1964, S. 386.

FRIEDRICH DE LA MOTTE FOUQUÉ (1777–1843)

Parcival. Rittergedicht I 13 94
F. de la M. F.: Parcival. Erstdruck. Hrsg. von Tilman Spreckelsen u. a. Hildesheim [u. a.]: Olms, 1997, S. 56.

WALTER HELMUT FRITZ (*1929)

Schrift und Gegenschrift 176
W. H. F.: Mit einer Feder aus den Flügeln des Ikarus. Ausgewählte Gedichte und Prosagedichte. Mit einem Nachwort von Harald Hartung. Frankfurt/Main: Fischer, 1989, S. 178. – © Walter Helmut Fritz, Karlsruhe.

STEFAN GEORGE (1868–1933)

Ikarus 104
St. G.: Werke in zwei Bänden. Hrsg. v. Robert Boehringer. Bd. 2. Klett-Cotta, Stuttgart 1958, 4. Aufl. 1984, S. 51; Gesamtausgabe der Werke. Bd. 1: Die Fibel. Auswahl erster Verse. Berlin: Bondi 1928 (Abbildung der Handschrift).

JOHANN WOLFGANG VON GOETHE (1749–1832)

Faust. Der Tragödie Zweiter Teil 92
J. W. v. G.: Werke. Hrsg. im Auftrage der Großherzogin Sophie von Sachsen. Bd. 15/1: Faust. Hrsg. von Erich Schmidt. Weimar: Böhlau, 1888, S. 235–237 (Akt III, V. 9863–9906).

LUIS DE GÓNGORA (1561–1627)

Al túmulo de Écija 82
Eins von zwei burlesken Sonetten, mit denen Góngora seine Reihe von Gedichten auf den Tod der Königin Margarethe (†1611) beschließt; beide Gedichte fielen der Zensur von P. Pineda zum Opfer.
– Titel: Das Sonett bezieht sich auf das monströse Castrum doloris im andalusischen Écija bei der Trauerfeier für Königin Margarethe, Gemahlin König Philipps III. von Spanien und Portugal.
– V. 2: berühmte große Granitsäule von Écija.
– V. 7: *Betis*: Fluß in Andalusien.
L. de G.: Sonetos Completos. Hrsg. von Biruté Ciplijauskaité. 6. Auflage. Madrid: Castalia, 1990, S. 189.

PETER GOSSE (*1938)

Munterung an Dädalus 161
– V. 5: *Kutusow*: Russischer Feldmarschall (*1745), der das österreichisch-russische Heer in der Schlacht bei Austerlitz befehligte, gestorben 1813 in Bunzlau.
– V. 28: *Szylla, Charybdis*: Skylla, ein sechsköpfiges Ungeheuer, und Charybdis, ein gewaltiger Strudel, begrenzten eine Meerenge, die Odysseus durchfahren mußte.

– V. 32: *Delila*: verführerische Geliebte des biblischen Helden Simson, den sie an die Philister verriet. Sie schnitt ihm im Schlaf die Haare ab und beraubte ihn so seiner Kraft.
– V. 37: *Che*: Ernesto Guevara Serna, genannt Che Guevara (1928–1967), kubanischer Revolutionär.
– V. 37: *Dubček*: Alexander Dubček (1921–1997). 1968/69 Erster Sekretär der tschechoslowakischen KP. Seine Reformen leiteten den »Prager Frühling« ein.
– V. 37: *sisifosen*: Anspielung auf Sisyphos, der zur Strafe für seine Verschlagenheit in der Unterwelt einen Fels stets von neuem auf einen Berg wälzen mußte, von dem er immer wieder hinabrollte.
P. G.: Ortungen: Gedichte und Notate. Halle: Mitteldeutscher Verlag, 1975, S. 23–25. – © Peter Gosse, Leipzig.

BATTISTA GUARINI (1538–1612)

(1) Ahi che con ali inferme 70
(2) Cor volante 77
B. G.: Opere. Hrsg. von Marziano Guglielminetti. Turin: Unione Tipografico, 1971, (1) S. 215f.; (2) S. 262f.

PETER HÄRTLING (*1933)

An Ikarus 173
P. H.: Die Gedichte 1953–1987. Frankfurt/Main: Luchterhand, 1989, S. 185. – © 1995 by Verlag Kiepenheuer & Witsch Köln.

JOHANN CHRISTIAN HALLMANN (um 1640–1704/1716?)

Grab-Schrifft des Icarus 84
J. Ch. H.: Leich-Reden / Todten-Gedichte und Aus dem Italienischen übersetzte Grab-Schrifften. Frankfurt/Main/Leipzig: Schrey und Fischer, 1682. – Zitiert nach: Das Zeitalter des Barock. Texte und Zeugnisse. Hrsg. von Albrecht Schöne. München: Beck, 1988, S. 730.

MICHAEL HAMBURGER (*1924)

Lines on Brueghel's ›Icarus‹ 202
M. H.: Collected Poems. 1941–1994. London: Anvil, 1995, S. 31f.

HEINZ-ALBERT HEINDRICHS (*1930)

Ikarus 177
H.-A. H.: Siebenbuch. Recklinghausen: Bitter, 1991, S. 7.

STEPHAN HERMLIN (1915–1997)

(1) Ballade vom Gefährten Ikarus 142
Das Schicksal seines im antifaschistischen Widerstand gefallenen Bruders geht ein in Hermlins autobiographische Prosa *Abendlicht* (Leipzig: Reclam, 1979, S. 64–69).
(2) Landschaft mit dem Sturz des Ikarus 202
Dem Schlußbild von Hermlins *Abendlicht* (S. 119f.) liegt die Szenerie von Brueghels Bild zugrunde.
St. H.: Die Straßen der Furcht. Singen: Oberbadischer Verlag, 1947, (1) S. 58f.; (2) S. 45. – © Verlag Klaus Wagenbach, Berlin 1979.

FERNANDO DE HERRERA (1534–1597)

Dichoso fue'l ardor 68
– V. 7: *Lampecie*: Eine der Heliaden, Schwestern des Phaëton, die sich aus Trauer um diesen in Schwarzpappeln verwandelten (Ovid, Met. II 349).
F. de H.: Poesía castellana original completa. Hrsg. von Cristóbal Cuevas. Madrid: Cátedra, 1985, S. 327 f.

GEORG HEYM (1887–1912)

Die Morgue 116
G. H.: Dichtungen und Schriften. Gesamtausgabe. Hrsg. von Karl Ludwig Schneider. Bd. 1: Lyrik. Hamburg/München: Ellermann 1964, S. 474–478, hier S. 476f.

ERNST CHRISTOPH HOMBURG (1605–1681)

(1) Vergleichung eines Liebhabenden mit dem Icarus . . . 78
Bedeutsame Varianten zur ersten Auflage (Hamburg: Hertel, 1638, Bl. N 3^rf.): V. 1: lasset zu] gebet zu V. 2: Nach ewerm Himmel hin] Und nach dem Himmel hin V. 8: ewig' Ewigkeit] grawe Ewigkeit V. 14: Von Flammen ich und er biß auff den Tod verletzet] Wir beyde / ich und er / von Flammen so verletzet.
(2) Auff den fallenden Icarus 86
E. Ch. H.: Schimpff- und Ernsthaffte CLIO. 2. Auflage. Tl. 2. Hamburg: Hertel, 1642, (1) Bl. X 6^v–7^r; (2) Bl. Z $5j^r$.

QUINTUS HORATIUS FLACCUS (65–8 v. Chr.)

(1) Carmina II 20 42
(2) Carmina IV 2, 1–4 44
Q. H. F.: Oden und Epoden. Lateinisch und Deutsch. Übersetzt von Christian Friedrich Karl Herzlieb und Johann Peter Uz. Ein-

geleitet und bearbeitet von Walther Killy und Ernst A. Schmidt. Zürich: Artemis, 1981, (1) S. 180–183; (2) S. 268f. – © Artemis & Winkler Verlag, Düsseldorf/Zürich.

GAIUS JULIUS HYGINUS (um 64 v. Chr.–17 n. Chr.)

Fabulae 39–40 36

Die im 2. Jh. n. Chr. zusammengestellten *Fabulae* sind unter dem Namen des G. J. Hyginus überliefert.

Original aus: G. J. H.: Fabulae. Hrsg. von Peter K. Marshall. Stuttgart/Leipzig: Teubner, 1993, S. 51f.

Übersetzung aus: Griechische Sagen. Apollodoros – Parthenios – Antoninus Liberalis – Hyginus. Eingeleitet und neu übersetzt von Ludwig Mader. Zürich: Artemis, 1963, S. 262f. – © Artemis & Winkler Verlag, Düsseldorf/Zürich.

FELIX PHILIPP INGOLD (*1942)

Daidalos 181

F. Ph. I.: Freie Hand. Ein Vademecum durch kritische, poetische und private Wälder. München/Wien: Hanser, 1996, S. 107. – © 1996 Carl Hanser Verlag, München–Wien.

JAROSŁAW IWASZKIEWICZ (1894–1980)

Ikaros 196

– 8. Absatz, letzte Zeile: *Szuch-Allee*: Straße in Warschau, in der die Gestapo ihr Hauptquartier hatte.

J. I.: Die Liebenden von Marona. Erzählungen. Deutsch von Kurt Harrer. – © by Langen Müller Verlag in der F. A. Herbig Verlagsbuchhandlung GmbH, München.

ERNST JANDL (*1925)

Ikarus 148

E. J.: Poetische Werke. Hrsg. von Klaus Siblewski. München: Luchterhand, 1997, S. 49. – © 1997 Luchterhand Literaturverlag GmbH, München.

YAAK KARSUNKE (*1934)

Ikarus oder: die dialektik des aufstiegs 170

Y. K.: auf die gefahr hin. gedichte. Berlin: Rotbuch, 1982, S. 10. – © Yaak Karsunke, Berlin.

MARIE LUISE KASCHNITZ (1901–1974)

Wohin denn ich. Aufzeichnungen. 206

M. L. K.: Gesammelte Werke. Bd. 2: Die autobiographische Prosa I. Hrsg. von Christian Büttrich und Norbert Miller. Frankfurt/ Main: Insel, 1981, S. 379–556, hier S. 430–432. – © Claassen Verlag Hamburg 1965.

SARAH KIRSCH (*1935)

Mauer 180
– V. 12–14: *Franz* [...] *Märkisch Buchholz:* Franz Fühmann (1922–1984); hatte einen Wohnsitz in Märkisch-Buchholz bei Berlin.
S. K.: Erlkönigs Tochter. Gedichte. Stuttgart: Deutsche Verlags-Anstalt, 1992, S. 7. – © Deutsche Verlags-Anstalt GmbH, Stuttgart.

GISBERT KRANZ (*1921)

Bruegel 213
G. K.: Niederwald und andere Gedichte. Lüdenscheid: Claren, 1984, S. 89. – © Gisbert Kranz, Aachen.

GÜNTER KUNERT (*1929)

(1) Ikarus 64 160
(2) Unterwegs nach Utopia I 165
(3) Ikarus neuerlich 181
G. K.: Unruhiger Schlaf. Gedichte. München: dtv, 1979, (1) S. 103f.; (2) S. 238; (3) G. K.: Mein Golem. Gedichte. München/Wien: Hanser, 1996, S. 36. – © 1996 Carl Hanser Verlag, München–Wien.

MAX WERNER LENZ (d. i. MAX RUSSENBERGER) (1887–1973)

Ikarus 143
Zur Entstehung: »Nach dem Wissen um Hiroshima schrieb Lenz seinen *Ikarus*« (Cabaret Cornichon, S. 314).
Cabaret Cornichon. Erinnerungen an ein Cabaret. Hrsg. von Elsie Attenhofer. Bern: Benteli, 1975, S. 314. – © Benteli Verlags AG, Wabern.

MARIA MAGDALENA LEONHARD (*1943)

Wie die Sonne 169
M. M. L.: Gedichte. Poesie. 1962–1982. Vorwort und Übersetzung [ins Italienische] von Barnaba Maj. Ferrara/Rom: Corbo, 1985, S. 84.

DANIEL CASPER VON LOHENSTEIN (1635–1683)

Seele / des [...] Herren George Friedrichs von Artzat und Groß-Schottkau 83

Das gesamte Gedicht umfaßt 20 Strophen, die die christliche Seelenlehre allegorisch bekräftigen.
– V. 13: Anspielung auf Platons Seelenbegriff im *Phaidros*, 246Aff.
D. C. v. L.: Lyrica. Die Sammlung »Blumen« (1680) und »Erleuchteter Hoffmann« (1685) nebst einem Anhang: Gelegenheitsgedichte in separater Überlieferung. Hrsg. von Gerhard Spellerberg. Tübingen: Niemeyer, 1992, S. 605f. [Reprint des Erstdrucks von 1665].

GIOVANNI FRANCESCO LOREDANO (1606–1661)

Epitaffio d'Icaro 84

G. F. L.: Il Cimiterio cioè epitaffi giocosi. Venedig: Guerigli, 1654. – Zitiert nach: Das Zeitalter des Barock. Texte und Zeugnisse. Hrsg. von Albrecht Schöne. München: Beck, 1988, S. 730.

GIOVANNI BATTISTA MARINO (1569–1625)

Icaro in cera 76

G. B. M.: La Galeria. Hrsg. von Marzio Pieri. Bd. 1. Padua: Liviana, 1979, S. 301.

RAÏSSA MARITAIN (1883–1960)

La chute d'Icare 191

Original aus: Jacques und R. M.: Œuvres complètes. Bd. 15. Hrsg. vom Cercle d'Études Jacques et Raïssa Maritain. Freiburg/Schweiz: Éditions Universitaires/Paris: Éditions Saint-Paul, 1995, S. 548. –
Übersetzung nach: Gedichte auf Bilder. Anthologie und Galerie. Hrsg. von Gisbert Kranz. München: dtv, 1975, S. 83.

CHRISTIAN MORGENSTERN (1871–1914)

Ikariden 130

Ch. M.: Werke und Briefe. Kommentierte Ausgabe. Bd. 2: Lyrik 1906–1914. Hrsg. von Martin Kießig. Stuttgart: Urachhaus, 1992, S. 407 [Entstehung wohl 1902/3, postumer Erstdruck 1920].

WILHELM MÜLLER (1794–1827)

(1) Selbstgenügsamkeit des Zechers 98

(2) Der neue Ikarus 99
(1) W. M.: Gedichte aus den hinterlassenen Papieren eines reisenden Waldhornisten. Bd. 2: Lieder des Lebens und der Liebe. Dessau: Ackermann, 1824, S. 10f. (2) Morgenblatt für gebildete Stände 20 (1826), S. 331.

HANS NEUENFELS (*1941)

Isaakaros 178
H. N.: Isaakaros. Roman. Salzburg/Wien: Residenz, 1991, (1) S. 5; (2) S. 244f. –

MAGNUS DANIEL OMEIS (1646–1708)

Dædalus 58
– Z. 5ff.: Lukian, De astrologia 14 [»Daedalus sei ein Mathematiker gewesen und habe seinem Sohn Ikarus die Astrologie gelehrt; dieser sei aber aus jugendlichem Überschwang und falschem Wahn stolz vom Wahren abgeirrt und in das Meer des unermeßlich Verborgenen gestürzt.«].
– Z. 12f.: Vergil, Aen. III 520 [»Wir breiten die Flügel der Segel aus.«].
M. D. O.: Gründliche Anleitung zur Teutschen accuraten Reim- und Dicht-Kunst [...]. Hierauf folget eine Teutsche Mythologie [...]. Nürnberg: Michahelles und Adolph, 1704, S. 88.

PUBLIUS OVIDIUS NASO (43 v. Chr. – um 17. n. Chr.)

(1) Ars amatoria II 17–98 18
(2) Metamorphoses VIII 152–259 24
(3) Tristia I 1, 87–90 44
Originale aus: P. O. N.: (1) Amores. Medicamina faciei femineae. Ars amatoria. Remedia amoris. Hrsg. von E. J. Kenney. Oxford: Clarendon, 1961, S. 142–145; (2) Metamorphoses. Book VIII. Hrsg. von A. S. Hollis. Oxford: Clarendon, 1970, S. 6–9; (3) Tristia. Hrsg., übersetzt und erklärt von Georg Luck. Bd. 1. Heidelberg: Winter, 1967, S. 32.
Übersetzungen nach: Michael von Albrecht: Römische Poesie. Texte und Interpretationen. Heidelberg: Stiehm, 1977, (1) S. 65 bis 67; (2) S. 70–72. – (3) Georg Luck: Tristia, Bd. 1, S. 33. –

PAUSANIAS (2. Hälfte 2. Jh. n. Chr.)

Beschreibung Griechenlands IX 11, 4–6. 38

P.: Reisen in Griechenland. Gesamtausgabe in 3 Bänden. Auf Grund der kommentierten Übersetzung von Ernst Meyer hrsg. von Felix Eckstein und Peter C. Bol. Bd. 3. 3. Auflage. Zürich/München: Artemis, 1989, S. 141. – © Artemis & Winkler Verlag, Düsseldorf/Zürich.

CHRISTOPH RANSMAYR (*1954)

Die letzte Welt 174
Ch. R.: Die letzte Welt. Roman. Mit einem Ovidischen Repertoire. Nördlingen: Greno, 1988, S. 197f. – © Eichborn GmbH & Co Verlag KG, Frankfurt am Main, Januar 1988.

CHRISTA REINIG (*1926)

Ikarus 161
Ch. R.: Sämtliche Gedichte. Mit einem Vorwort von Horst Bienek. Düsseldorf: Eremiten-Presse, 1974, S. 94.

THOMAS ROSENLÖCHER (*1947)

Breughels Ikarus 214
Im Inhaltsverzeichnis merkt Rosenlöcher an: »Das Gedicht knüpft an W. H. Audens Gedicht ›Musée des Beaux Arts‹ an.«
Th. R.: Die Dresdner Kunstausübung. Gedichte. Frankfurt/Main: Suhrkamp, 1996, S. 76. – © Suhrkamp Verlag Frankfurt am Main 1996.

PETER RÜHMKORF (*1929)

Anti-Ikarus 158
– Str. 1: *Briskmann*: Kunstfigur aus der Werbung für Pomade.
– Str. 3: *geflügelten Aff*: Anspielung auf die sowjetisch-amerikanische Raumfahrt.
– Str. 4: *Mythos kapuuut*: Anspielung auf den Ruf »Hitler kapuuut«, mit dem die sowjetischen Soldaten 1945 in Berlin einmarschierten.
– Str. 4: *Wielandshemd*: Wieland, sagenhafter Schmied der germanisch-deutschen Heldensage, entfloh der Gefangenschaft in einem selbstgefertigten Federkleid.
– Str. 4: *Laika*: Name der Hündin, die 1957 an Bord des sowjetischen Satelliten *Sputnik 2* ins All flog.
P. R.: Gesammelte Gedichte. Reinbek bei Hamburg: Rowohlt, 1976, S. 30. – Copyright © 1976 by Rowohlt Verlag GmbH, Reinbek.

DORIS RUNGE (*1943)

ikarus 174
D. R.: jagdlied. Gedichte. Stuttgart: Deutsche Verlags-Anstalt, 1985, S. 21. – © Deutsche Verlags-Anstalt GmbH, Stuttgart.

JACOPO SANNAZARO (1456–1530)

Icaro cadde qui 59
J. S.: Opere volgari. Hrsg. von Alfredo Mauro. Bari: Laterza, 1961, S. 195.

DAVID SCHIRMER (1623–1683)

An den Dädalus 86
D. S.: Poetische Rosen-Gepüsche. Dresden: Berg, 1657, S. 491. Eine anonyme Variante dieses Epigramms findet sich in: Herrn von Hoffmannswaldau und anderer Deutschen auserlesener [...] Gedichte dritter Theil. Leipzig: Fritsch, 1703, S. 128.

ERNST SCHNABEL (1913–1986)

Ich und die Könige 152
E. S.: Ich und die Könige. Projekte, Zwischenfälle und Resümees aus dem Leben des Ingenieurs D. Roman. Frankfurt/Main: S. Fischer, 1958, S. 277–289, hier (1) S. 277–279; (2) S. 281, 284f. und 287–289. – © Corinna Schnabel und Bettina Rogosky.

JOHANN GEORG SCHOCH (1627–um 1690)

Der übel-geflügelte Ikarus 53
J. G. S.: Kurtze Verfassungen über des Ovidii Verwandlungs-Beschreibung / Mit einem kurtzen Inhalt der Bücher und Gedichte vermehret [...]. Leipzig: Köler für Fuhrmann, 1652, Bl. F 7^{r}. Anonymer Holzschnitt nach VIRGIL SOLIS.

FLORENTIUS SCHOONHOVIUS (1594–1648)

Altum sapere periculosum. 69
F. S.: Emblemata partim Moralia partim etiam Civilia. Reprint der Ausgabe Gouda 1618. Hrsg. von Dmitrij Tschižewskij. Hildesheim/New York: Olms, 1975 (Emblematisches Cabinett. 7), S. 9. Kupferstich von CRISTYN VAN DE PASSE II.

GOTTLIEB STOLLE (1673–1744)

Er vergleicht sich mit dem Icarus 79
Benjamin Neukirchs Anthologie Herrn von Hoffmannswaldau und anderer Deutschen bißher noch nie zusammen-gedruckter

Gedichte Fünffter Theil. Hrsg. von Erika A. und Michael M. Metzger. Tübingen: Niemeyer, 1981, S. 554.

LUIGI TANSILLO (1510–1568)

(1) Amor m'impenna l'ale 63
Dieses Sonett hat Giordano Bruno am Ende seiner Widmungsvorrede zu *De l'infinito, universo, et mondi* imitiert (G. B.: Dialoghi Italiani. Hrsg. von Giovanni Gentile und Giovanni Aquilecchia. Florenz [3]1958, S. 365, Inc.: »E chi mi impenna, e chi mi scalda il core?«).
(2) Poi che spiegate ho l'ale 64
Ein variiertes Sonett legt Giordano Bruno in seinen *Eroici furori* (I 3) dem Dichter Luigi Tansillo in den Mund (ebd., S. 999). Die Verse 2–4 werden im Dialog II 1 nochmals zitiert (ebd., S. 1098). – V. 4: *m'invio*: Variante zu *l'invio.*
(3) S'un Icaro, un Fetonte 65
Dritter Teil eines neunteiligen Madrigalzyklus »Ad una farfalla, arsa dagli occhi della sua donna e morta fra i suoi biondi capelli« [›Auf einen Falter, verbrannt von den Augen seiner Herrin und gestorben zwischen ihren blonden Haaren‹].
L. T.: Il Canzoniere. Hrsg. von Erasmo Pèrcopo. Bd. 1. Neapel: Artigianelli, 1926, (1) S. 4; (2) S. 5f.; (3) S. 164f.

TORQUATO TASSO (1544–1595)

Al signor Giulio Mosti 71
– Titel: *Giulio Mosti*: Neffe des Priors des St. Annen-Hospitals in Ferrara, in dem Tasso sieben Jahre lang interniert war.
Original aus: T. T.: Opere. Bd. 1: Aminta, Amor fuggitivo, Intermedi, Rime. Hrsg. von Bruno Maier. Mailand: Rizzoli, 1963, S. 752f.
Übersetzung aus: T. T.: Auserlesene lyrische Gedichte. Aus dem Italienischen übersetzt von Karl Förster. 2. Auflage. Bd. 1. Leipzig: Brockhaus, 1844, S. 102.

OTTO VAN VEEN (1556–1629)

Medio tutissimus ibis 75
Die Originalausgabe bietet zusätzlich zum lateinischen Epigramm eine metrische Version in italienischer und französischer Sprache.
– Motto: Ovid, Met. II 137.
– V. 2: *nomine signat aquas*: Ovid, Trist. III 4, 22.
O. v. V.: Amorum Emblemata, figuris aeneis incisa. Reprint der

Ausgabe Antwerpen 1608. Hrsg. von Dmitrij Tschiżewskij. Hildesheim/New York: Olms, 1970 (Emblematisches Cabinett. 2), S. 43f. Kupferstich nach Zeichnung VAN VEENS von CORNELIUS BOEL.

GARCILASO DE LA VEGA (1503–1536)

Si para refrenar este deseo. 66
G. de la V.: Obra poética y textos en prosa. Hrsg. von Bienvenido Morros. Barcelona: Crítica, 1995 (Biblioteca Clásica. 27), S. 27.

PUBLIUS VERGILIUS MARO (70–19 v. Chr.)

Aeneis VI 14–33 40
P. V. M.: Aeneis. Lateinisch – Deutsch. In Zusammenarbeit mit Maria Götte hrsg. und übersetzt von Johannes Götte. 6. Auflage. München/Zürich: Artemis, 1983, S. 222f. – © Artemis & Winkler Verlag, Düsseldorf/Zürich.

ALBERT VERWEY (1865–1937)

Breughels Ikarus. 190
Original aus: A. V.: Oorspronkelijk Dichtwerk. Bd. 2: 1914–1937. Amsterdam: Querido/Santpoort: Mees, 1938, S. 392.
Übersetzung nach: Gedichte auf Bilder. Anthologie und Galerie. Hrsg. von Gisbert Kranz. München: dtv, 1975, S. 77.

BETTINA WEGNER (*1947)

Ikarus 163
B. W.: Wenn meine Lieder nicht mehr stimmen. Mit einem Vorwort von Sarah Kirsch. Reinbek bei Hamburg: Rowohlt, 1979, S.52. – © Anar. Musikverlag, Berlin.

HELLMUTH WETZEL (Lebensdaten nicht ermittelt)

Ikariden 117
Die Aktion 2 (1912), Sp. 1109f.

WILLIAM CARLOS WILLIAMS (1883–1963)

Landscape with the Fall of Icarus 204
W. C. W.: Der harte Kern der Schönheit. Ausgewählte Gedichte. Amerikanisch und Deutsch. Aus dem Amerikanischen von Alfred Andersch u. a. Hrsg. von Joachim Sartorius. München/Wien: Hanser, 1991, S. 320f. – © 1991 Carl Hanser Verlag, München-Wien.

Abbildungsnachweise

Abb. auf dem Umschlag und auf Seite 1: ANTONIO CANOVA (1757–1822): Dedalo e Icaro. Marmor. 1778/79. Venedig, Museo Correr. 182 x 95 x 76 cm.
Abbildungen nach: A. C.: Catalogo. Hrsg. von G. Pavanello und G. Romanelli. Venedig: Marsilio, 1992, S. 231 und 227.

Abb. Seite 17: Relief/Marmor. 2. Jahrhundert nach Chr. Rom, Villa Albani. Inv.-Nr. 164.
Abbildung nach: Lexicon Iconographicum Mythologiae Classicae. Bd. III 2. Zürich und München: Artemis, 1986, Pl. 239, 23a.
Zitat aus: Cees Nooteboom: Die folgende Geschichte. Aus dem Niederländischen von Helga van Beuningen. Frankfurt/Main: Suhrkamp, 1991, S. 85f.

Abb. Seite 39: Kamee/Sardonyx. Kaiserzeit. Neapel, Nationalmuseum. Inv.-Nr. 25838.
Abbildung nach: Lexicon Iconographicum Mythologiae Classicae. Bd. III 2. Zürich und München: Artemis, 1986, Pl. 239, 29.

Abb. Seite 49: HENDRIK GOLTZIUS (1558–1617): Ikarus. Kupferstich nach Cornelis van Haarlem (1562–1638). 1588. Durchmesser 33,1 cm. Bezeichnet: C.C. Inve. HG. sculp. 2.
Abbildung nach: H. G.: The Complete Engravings and Woodcuts. Hrsg. von Walter L. Strauss. Bd. 2. New York: Abaris, 1977, S. 447.

Abb. Seite 91: HERBERT JAMES DRAPER (1864–1920): The Lament for Icarus. Öl/Leinwand. 1890. London, The Tate Gallery. 183 x 155,6 cm.
Abbildung nach: Angelo Walther. Von Göttern, Nymphen und Heroen. Die Mythen der Antike in der bildenden Kunst. Leipzig: Edition Leipzig, 1993, S. 161.

Abb. Seite 115: WILHELM LEHMBRUCK (1881–1919): Ode an den Genius II. Radierung. 1917. 19,3 x 30,2 cm.

Abbildung nach: Erwin Petermann: Das druckgraphische Werk Wilhelm Lehmbrucks. Stuttgart: Hatje, 1964, Nr. 162.

Abb. Seite 147: WOLFGANG MATTHEUER (*1927): Seltsamer Zwischenfall. Linolstich, 1980. 51×66 cm.

Abb. Seite 166: ALLEN GINSBERG (1926–1997): Wolf Biermann vor dem preußischen Adler auf der Weidendammerbrücke in Berlin. Photographie. Um 1975.
Abbildung nach: Wolf Biermann: Preußischer Ikarus. Lieder, Balladen, Gedichte, Prosa. Köln: Kiepenheuer & Witsch, 1978, Umschlag.

Abb. Seite 171: RALF KERBACH (*1956): der meissner ikarus. Zeichnung. 1983.
Abbildung nach: Sascha Anderson/R. K.: totenreklame. eine reise. texte und zeichnungen. Berlin: Rotbuch, 1983, S. 13. – © 1983 Rotbuch Verlag, Berlin.

Abb. Seite 184 und 218: PIETER BRUEGHEL (1525/30–1569): Der Sturz des Ikarus. – Original: Öl/Leinwand. Um 1555/60. Brüssel, Musées Royaux des Beaux-Arts de Belgique. 73,5 x 112 cm. – Zeitgenössische Kopie: Öl/Leinwand. Ende 16. Jahrhundert. Brüssel, Musée David et Alice van Buuren. 62,5 x 89,8 cm.
Abbildungen nach: Bob Claesens und Jeanne Rousseau: Unser Bruegel. Aus dem Französischen übertragen von Horst Schneider. Antwerpen: Mercatorfonds, 1969, S. 162f. (Abb. 43f.).

Nachwort

Mythen sind vieldeutig. Ihr Deutungsspielraum erwächst aus uneinheitlicher Überlieferung und aus latenten Inhalten, die sich im manifesten Inhalt des Mythos verdichten.

Der manifeste Inhalt der Beziehung von Dädalus und Ikarus scheint unkompliziert zu sein: Ein Vater flieht zusammen mit seinem Sohn mittels künstlicher Flügel aus der Gefangenschaft eines Tyrannen. Wegen Mißachtung der väterlichen Instruktion stürzt der Sohn zu Tode, während der Vater wohlbehalten ankommt. Demnach scheint dem Ikarus-Mythos eine tragische, aber einfache Begebenheit zugrundezuliegen, die keine komplizierte Schuldfrage aufwirft.

Wäre die Frage nach der Schuld aber wirklich so einfach zu beantworten, so ließe sich weder die bis heute andauernde Wirkungsgeschichte noch die uneinheitliche Bewertung von Dädalus und Ikarus erklären. Vermutlich stellt der manifeste Inhalt die abgekürzte Übersetzung eines komplexen latenten Inhalts dar. Bei der Rekonstruktion dieses latenten Inhalts helfen Widersprüche, Wiederholungen und Varianten in der mythischen Überlieferung, die Verdichtungsmechanismen zu erkennen.

I

Bei Vergil lesen wir, wie Äneas und die Troer den Apollotempel in Cumä besuchen, den Dädalus nach seiner gelungenen Luftreise gestiftet haben soll. Warum unter den tragischen Themen auf dem goldenen Tempelportal, das Dädalus kunstvoll gestaltet hat, der Sturz des Ikarus fehlt, erklärt Vergil in einer teilnahmsvollen Anrede an Ikarus: »Ikarus, du auch | ständest in solch einem Werk; doch

Herzweh lähmte den Bildner: | zweimal setzte er an, den Sturz zu gestalten im Golde, | zweimal sank dem Vater die Hand.«[1] Die Vergegenwärtigung des Ikarus spart zwar die Frage nach der Schuld am Unglück des Sohnes aus, doch angesichts der empathetischen Wendung des Epikers an Ikarus wirkt das bildkünstlerische Versagen des Vaters doppeldeutig.

Mit Vergils Dädalus-Ikarus-Reminiszenz, die das tragische Dilemma von Künstler und Vater – allgemeiner: von Kunst und Leben – illustriert, korrespondiert die ausführlichste antike Literarisierung des Mythos: Ovids Doppelfassung in der *Ars amatoria* und den *Metamorphosen*.[2]

Die kürzere und etwas frühere Version der *Ars amatoria* ist als Beispielgeschichte integriert. Der Mythos illustriert hier die Unmöglichkeit, dem Liebesflug ein Maß zu setzen. Zwar liefert die Probe aufs Exempel vordergründig die Flugreise des heimwehkranken Dädalus, der sich über das Ausreiseverbot des Tyrannen Minos hinwegsetzt. Jedoch verdunkelt der Sturz des Ikarus den Beweis für die Macht der Liebe. Denn im Verlauf des Exempels wird die Perspektive und damit auch die Sympathie von der Person des Dädalus auf Ikarus umgelenkt. Den Umschlag verdeutlicht, daß Ikarus erst beim Namen genannt wird, als er sich im Flug vom Vater zu lösen beginnt (*Ars am.* II 76). So nimmt der Leser zunehmenden Anteil an seinem Flug, der szenisch vergegenwärtigt wird. Gerade am Schluß seines mythischen Beispiels parallelisiert Ovid die

[1] Vergil, Aeneis VI 30–33. Original und Übersetzung oben S. 40 f.; Nachweis im Quellenverzeichnis. Im folgenden wird auf die in vorliegender Anthologie abgedruckten Texte nicht mehr in Anmerkungen verwiesen und in der Regel nach der jeweiligen Übersetzung zitiert.

[2] Einen instruktiven Vergleich bietet Michael von Albrecht: Römische Poesie. Texte und Interpretationen. Heidelberg 1977, S. 63–79, den aktuellen Forschungsstand resümiert Markus Janka: Ovid *Ars amatoria* Buch 2. Kommentar. Heidelberg 1997, S. 57–61. Vgl. ferner Karin Luck-Huyse: Der Traum vom Fliegen in der Antike. Stuttgart 1997, hier S. 40–65.

geflügelten Knaben Ikarus und Amor, die sich beide nicht mäßigen lassen – trotz seines Scheiterns und gegen den manifesten Inhalt des Textes scheint somit Ikarus die wahre Exempelfigur des Liebesdichters Ovid zu sein.

Noch deutlicher kontrastiert Ovid Vater und Sohn in den *Metamorphosen*. An die Stelle des väterlich liebenden Dädalus aus der *Ars amatoria*, der dem Sohn weniger befiehlt, als im einvernehmlichen ›Wir‹ den gemeinsamen Fluchtplan entwirft, rückt Ovid nun einen greisenhaft gezeichneten Vater (*Met.* VIII 210). Ihm steht der Knabe Ikarus gegenüber, dessen kindliche Jugend durch die Antonomasien »puer« (›Knabe‹) und »natus« (›Sohn‹) betont wird (VIII 195 u. ö.). Im asymmetrischen Verhältnis zwischen Dädalus und Ikarus blitzt eine latente Rivalität auf, wenn der Sohn des Vaters Werk durch sein Spiel behindert. Sein Flug bedeutet dann eine Mißachtung der väterlichen Autorität, denn er verstößt gegen die vom Vater beanspruchte Führerrolle. Der Sturz des Sohnes scheint so die Strafe kindlichen Ungehorsams zu sein, und doch kommt er einem Heldentod gleich: Denn ohne eigentliche *Metamorphose* – Dädalus birgt den Leichnam seines Sohnes und bestattet ihn – wird Ikarus im Namen des Meeres verewigt, in das er gestürzt ist: das ›Ikarische Meer‹.

Ovid hat die Schuldfrage und damit die Vater-Sohn-Relation nicht nur dadurch verkompliziert, daß er den Sohn als kaum selbstverantwortlichen Knaben und zugleich als Heros präsentiert, sondern auch durch eine Vor- und Nachgeschichte, die in den *Metamorphosen* neu hinzukommt und nur den Vater betrifft. Die Vorgeschichte führt Dädalus als Künstler ein, der – »hochberühmt durch seinen Erfindergeist« (VIII 159) – im Dienst des kretischen Königs Minos das Labyrinth für den Minotaurus ersinnt. Da Dädalus sich auch nach über achtzehn Jahren nicht mit seinem Zwangsexil auf Kreta abfindet, plant er die Flucht auf dem Luftweg: Er »entsendet seinen Geist in das Reich unbekannter Künste und schafft eine neue Natur« (VIII 188f.).

Dädalus ist es also, der mit der *ars* die *natura* zu überbieten sucht. In seinem Fluchtplan liegt die Hybris, mehr als im Übermut seines unschuldigen Sohnes, der der Chronologie zufolge auf Kreta geboren sein muß – eine kretische Sklavin soll seine Mutter sein. Durch fast wörtliche Entsprechung macht Ovid deutlich, daß sich im vertikalen Himmelsstreben des kleinen Ikarus (»caelique cupidine tactus« [VIII 223]) das horizontal gerichtete Heimweh des Dädalus (»tactusque loci natalis amore« [VIII 184]) wiederholt, und deutet damit die Mitschuld des Vaters am Tod des Sohns an.

Ein noch ungünstigeres Licht wirft in den *Metamorphosen* die Nachgeschichte auf Dädalus. Denn als er trauernd seinen Sohn bestattet, »erblickte ihn von der vielverzweigten Eiche aus ein geschwätziges Rebhuhn, schlug mit den Flügeln und stieß Freudenlaute aus« (VIII 237f.). Die Schadenfreude des Vogels klärt Ovid so auf: In das Rebhuhn verwandelt ist Perdix, Neffe und vormaliger Schüler des Dädalus. Da Dädalus den zwölfjährigen Perdix um dessen Erfindungsgabe beneidete – dieser soll Säge und Zirkel erfunden haben –, stürzte er den Jungen von der Akropolis hinab. Wegen Totschlags verurteilt, mußte Dädalus seine Heimat gegen das Exil auf Kreta tauschen. Indem er Perdix die Bestattung des Ikarus verlachen läßt, stiftet Ovid eine Beziehung zwischen beiden Todesfällen. Der Tod des Ikarus wird zur Sühne der Schuld, die Dädalus mit der Ermordung des Perdix auf sich geladen hat.

Der vordergründig harmonischen Vater-Sohn-Beziehung von Dädalus und Ikarus liegt als latenter Inhalt somit ein Konflikt zugrunde, dessen tragisches Ende sich gegensätzlich bewerten läßt: entweder als gerechte Strafe für den Sohn wegen Auflehnung gegen die väterliche Autorität oder als schuldhaftes Versagen des Vaters, der eigensüchtig den Sohn überfordert; eine Verurteilung des Dädalus legt die nachgeholte Vorgeschichte nahe. Denn die Schuld, die Dädalus durch den Totschlag eines verwandten Kindes auf sich geladen hat, läßt den Sturz des

Ikarus als Wiederholungstat aus Strafbedürfnis oder als Sühne erscheinen.

Der Ambivalenz der Vater-Sohn-Relation bei Ovid entspricht die vielfältige Überlieferung des Mythos in der Antike. Hier werden Namen und Orte verändert oder das unsichere Herkommen des Dädalus und die dunkle Nachgeschichte variiert, die mit dem Herkules-Sagenkreis verknüpft oder um eine märchenhafte Episode, die Rache des Minos, ergänzt wurde. Die Vater-Sohn-Beziehung aber ändern Apollodor und Diodor, Hyginus und Pausanias nicht. Selbst Pausanias, der historisierend die künstlichen Flügel des Dädalus zu neuartigen Segelbooten abwandelt, ändert den Ausgang des Mythos nicht: Während Dädalus wohlbehalten das rettende Ufer erreicht, sei »das Schiff des Ikaros, der weniger gut zu steuern verstand, [...] gekentert« (Pausanias IX 11, 4f.).

Der Dädalus-Ikarus-Mythos präsentierte somit bereits in der Antike das Modell einer ambivalenten Vater-Sohn-Beziehung. Schon wegen des Protagonisten Dädalus lag seine Indienstnahme als Künstlermythos nahe. Dabei fällt auf, daß die Sympathie der Dichter des kaiserzeitlichen Rom eindeutig Ikarus gehört. In ihm hat Ovid nicht nur ein warnendes Beispiel seiner Liebesdichtung, sondern auch seiner Exildichtung gesehen. So mahnt er in einer Anrede an das eigene Buch, die *Tristien,* zu hohen Ruhm zu scheuen und sich mit der Aufnahme beim einfachen Volk zu begnügen, indem er in einem zynischen Euphemismus an den hohen Preis erinnert, den Ikarus sein Aufwärtsstreben kostete (*Trist.* I 1, 87–90).

Horaz ist es dann, der Ikarus als ›mythologische Antonomasie‹ des Dichters etabliert. In der poetischen Vision seiner Verwandlung zum Singschwan malt er sich aus, »bekannter als Dädals Sohn Ikarus« zu werden (*Od.* II 20). Die poetologische Indienstnahme des Mythos bekräftigt Horaz in der Ode IV 2, die den poetischen Wettstreit mit Pindar zu einer *Imitatio Icari* stilisiert: »Wer Pindarn nachzueifern strebt, Iullus, den tragen Dädalus wächserne Schwingen, der wird dem kristallnen Meere

Namen geben.« Mit der Ikarus-Antonomasie teilt der Dichter neben dem Flug – einem Bild dichterischer Inspiration – den dauerhaften Nachruhm. Der Sturz als Preis des Nachruhms kommt dagegen in der Postfiguration nicht zur Sprache. Dies erklärt auch die Einbeziehung des Dädalus in die Antonomasie. Denn dem typologischen Mythos-Gebrauch des Horaz liegt eine originelle Synkrise von Dädalus und Ikarus zugrunde: Ikarus stiftet Himmelsflug und ewigen Ruhm, Dädalus das Gelingen.

II

In Renaissance und Barock wurden die Gestalten des Dädalus und des Ikarus häufig voneinander isoliert. Ihre gegensätzliche Bewertung ist der fortdauernden Wirkung der mittelalterlichen Ovid-Exegese geschuldet. Damals waren die *Metamorphosen* als symbolische Erzählung verstanden und durch Ethisierung und Allegorisierung mit der christlichen Lehre in Einklang gebracht worden. Der *Ovide moralisé* aus dem Beginn des 14. Jahrhunderts hatte einerseits im dädalischen Himmelsflug eine Präfiguration von Christi Himmelfahrt als Heimkehr zu Gott gesehen, andererseits aber gewarnt vor den Gefahren eines zu niederen Fluges – zügelloser Leidenschaft – oder eines zu hohen Fluges als Symbol des Hochmuts.[3] In der Renaissance ist somit die Auffassung dieses Mythos von gegensätzlichen Bewertungen geprägt.

Die frühe Ovid-Rezeption favorisiert die Gestalt des Dädalus. Dabei verfestigt sich die moralische Verurteilung der Ikarus-Figur. In den Chor der Ovid-Moralisierung stimmt Sebastian Brants *Narrenschiff* (1494) ein, das Phaëton wie Ikarus als närrisch tadelt, weil sie »irs vatter

[3] Ovide moralisé. Poème du commencement du quatorzième siècle. Hrsg. von C. de Boer u. a. Bd. 3: Bücher VII–IX. ⸢(Amsterdam 1932) Wiesbaden 1966, S. 146–155 (VIII 1579–1928, bes. V. 1767–1769, 1821–1824 und 1835–1842).

rott« (›ihres Vaters Rat‹) mißachteten und deswegen einen frühen Tod sterben mußten.[4] Wie der einflußreiche *Metamorphosen*-Kommentar des Georg Sabinus (1589) und Francis Bacons *De sapientia veterum* (1609/19), die im Fall des Ikarus eine Mahnung zur »mediocritas« sehen,[5] betonen die bildlich-epigrammatischen Ovid-Deutungen um 1600 in pädagogischer Absicht die Sohnespflicht. So zieht etwa der Germersheimer Arzt Johann Posthius aus dem Sturz des Ikarus die einprägsame Spruchweisheit: »Verwegenheit groß schaden bringt«.[6] Noch in der emblematischen Version der *Metamorphosen*, die Johann Georg Schoch Mitte des 17. Jahrhunderts veröffentlicht, dient Ikarus als warnendes Beispiel dafür, daß »auff dem Hochmuth gemeiniglich der Fall folgen« muß.[7]

Wie sehr Ovid-Kommentar und Emblematik sich überschneiden, zeigen die *Emblemata* des Nicolaus Reusner. Unter der ovidischen *Inscriptio* »Inter utrunque tene« und einer *Pictura*, die das gleiche Motiv zeigt wie Schochs oben reproduzierter Holzschnitt, legt er den Mythos so aus:

> Subvolat ad cœlum ceratis Dædalus alis:
>   Sic labyrinthæo tutus ab hoste fugit.
> Icarus it comes huic puer: inter utrunque volare
>   Quem monet, et media tutiùs ire via.

[4] Sebastian Brant: Das Narrenschiff. Nach der Erstausgabe (Basel 1494) mit den Zusätzen der Ausgaben von 1495 und 1499 sowie den Holzschnitten der deutschen Originalausgaben. Hrsg. von M. Lemmer. Tübingen ³1986, S. 100 (XL 21–24).

[5] Georgius Sabinus: Metamorphosis seu fabulae poeticae. ʳ(Frankfurt/Main 1589) New York/London 1976, S. 268f. Sabinus' Kommentar verpflichtet ist auch die oben zitierte Moralisierung in Magnus Daniel Omeis' *Reim- und Dicht-Kunst* (1704).

[6] Zitiert nach: Bodo Guthmüller: Picta Poesis Ovidiana. In: Renatae Litterae. Studien zum Nachleben der Antike und zur europäischen Renaissance. Festschrift für August Buck. Hrsg. von K. Heitmann und E. Schroeder. Frankfurt/Main 1973, S. 171 bis 192, hier 180.

[7] Johann Georg Schoch: Kurtze Verfassungen über des Ovidii Verwandlungs-Beschreibung [...]. Leipzig 1652, Bl. b 7ᵛ.

Celsior it, pennisque puer labentibus orbus
   Fatales proprio nomine signat aquas.
Qui se non noscit, sed concipit æthera mente:
   Et supra sortem qui nimis alta sapit:
Maioresque suo pennas extendere nido
   Gaudet; et à media flectere sæpe via:
Sentiet Icarium fatum: sublimibus ausis
   Excidet: et vitam claudet in orbe miser.[8]

In dieser Ikarus-Kritik deutet sich eine argumentative Verschiebung an. Ikarus wird zwar verurteilt, aber weniger wegen seines kindlichen Ungehorsams als wegen seines unstillbaren Wissensdrangs, der gegen das *Curiositas*-Verbot verstößt. Daß die *Pictura* in Reusners Emblem Dädalus und Ikarus gemeinsam präsentiert, obwohl sich das Epigramm fast nur auf Ikarus bezieht, hat einfache Gründe: Die *Pictura* des Holzschneiders Virgil Solis folgt der Abbildung in den wirkungsmächtigen Ovid-Illustrationen des Bernard Salomon.[9]

Mit der isolierten Ikarus-Gestalt hatte bereits Andreas Alciatus in seinen *Emblemata* die übermäßige Neugier

[8] Nicolaus Reusner: Emblemata Partim Ethica, Et Physica: Partim vero Historica & Hieroglyphica. ʳ(Frankfurt/Main 1581) Hildesheim u. a. 1990, S. 140f. Übersetzung: »Dädalus fliegt mit wächsernen Flügeln zum Himmel auf: so flieht er sicher vor dem labyrinthischen Feind. Der Knabe Ikarus begleitet ihn: diesen ermahnt er, dazwischen zu fliegen und sicherer auf dem Mittelweg zu gehen. Er geht aber höher, und der Federn beraubt, bezeichnet der Knabe die unheilvollen Wasser mit seinem Namen. Wer sich nicht kennt, sondern nach Himmlischem strebt und über Gebühr allzu Hohes erforscht, freut sich, die Federn weit über sein Nest auszudehnen und vom Mittelweg oft abzuweichen. Er wird das Ikarische Schicksal erfahren, sein Höhenflug wird scheitern, und er wird das Leben elend beenden.«

[9] Zu den Bildtraditionen vgl. M. D. Henkel: Illustrierte Ausgaben von Ovids Metamorphosen im XV., XVI. und XVII. Jahrhundert. In: Vorträge der Bibliothek Warburg 1926–1927. Hrsg. von F. Saxl. Leipzig und Berlin 1930, S. 58–144 (und Tafeln).

der Astrologen kritisiert, ihm folgte Gilles Corrozet, der mit dem Sturz des Ikarus für das Mittelmaßhalten plädiert. Als Inbegriff maßloser Jugend wird Ikarus denn auch weniger mit seinem Vater[10] als mit Phaëton[11] kombiniert.

Auch die Aufwertung der Ikarus-Gestalt nimmt ihren Ausgang vom *Ovide moralisé*. Sie verschiebt allerdings die Allegorese des Fluges von Christus auf den liebenden Menschen. Diese Deutung konzentriert sich ausschließlich auf Ikarus und läßt Dädalus beiseite, der einer Heroisierung des Ikarus entgegenstünde. Jacopo Sannazaro hatte bereits Anfang des 16. Jahrhunderts in einem nachhaltig wirkenden Sonett Ikarus von seinem Vater isoliert und den Wagemut als Weg zu einem ruhmreichen Tod gepriesen. Luigi Tansillo, der als Unterredner in Giordano Brunos Dialog *Degli Eroici Furori* die heroische Liebe zum Streben nach göttlicher Vollkommenheit aufwertet, illustriert diese Sakralisierung im dichterischen Bild einer ikarischen Himmelsreise. Von Sannazaros Außenperspektive, dem Lobpreis in der dritten Person Singular, unterscheidet sich grundlegend Tansillos Sonett, in dem ein liebendes Ich sich mit der Ikarus-Figur identifiziert.

Nach Tansillos Muster wird Ikarus im 16. Jahrhundert zum Selbstbild des galanten Dichters, der mit seinem Werk unweigerlich Gefahr läuft, die Konventionen zu verletzen. In diesem Sinne evozieren ihn etwa der italienische

[10] Die Kehrseite der moralischen Verurteilung des Ikarus bildet die freilich seltenere Stilisierung des Dädalus zum Könner und Künstler. In dieser Übertragung als *Deutscher Dædalus* figuriert er sogar als Buchtitel eines bedeutenden *Poetischen Lexicons* des 17. Jahrhunderts: Gotthilff Treuer: Deutscher Dædalus / Oder Poetisches Lexicon. Berlin 1675.

[11] Doch selbst in dieser Verbindung mit Phaëton, die im 16. Jahrhundert aufkam, wandelte sich die moralische Entrüstung sukzessive zu Verständnis. Den Wandel illustriert in unserer Anthologie ein Madrigal Tansillos (»S'un Icaro, un Fetonte«), in dessen Spuren Tasso und Guarini wandeln.

Epiker Giambattista Marino zu Beginn seines *Adone*[12] und vor allem die spanischen Dichter des *Siglo d'oro*.

Die galante Auffassung des Mythos faßt in der späthumanistischen Gelehrtenkultur nördlich der Alpen um 1600 Fuß. Dies bezeugt das einflußreiche dreisprachige Emblembuch von Otto van Veen. Konventionell ovidisch gibt sich allerdings noch das Motto, demzufolge der »Mittelweg der sicherste« ist. Und auch die *Pictura* bringt die übliche Konstellation des Paares: den stürzenden Ikarus, umrahmt von Sonnenstrahlen, im Bildzentrum Dädalus mit ausgebreiteten Schwingen und darunter ein pflügender Bauer. Den innovativen Aspekt stiftet die Figur im Vordergrund, ein geflügelter Amor, der auf Ikarus zeigt. Den galanten Sinn erläutert die *Subscriptio*, die zwar *Moralisatio* und Galanterie noch verquickt, aber doch die Bahn der amourösen Indienstnahme des Mythos ebnet.

Tatsächlich lassen sich auch in der deutschen Barocklyrik bislang übersehene Zeugnisse für die Liebessymbolik der Ikarus-Figur finden, wie Ernst Christoph Homburgs *Vergleichung eines Liebhabenden mit dem Icarus* zeigt. Der galanten Ikarus-Symbolik der Romania verpflichtet, beruht die Ikarus-Projektion des liebenden Ich auf mehreren Vergleichen: Es ist wie jener von himmlischer Schönheit, nämlich der seiner Geliebten, angezogen, es ist – wie jener von den Sonnenstrahlen – von den Augen der Geliebten »auff den Tod verletzet«, und wie jener schließlich im Meer ertrinkt, so löst es sich in seinem Tränenmeer auf. Die Beharrlichkeit, mit der der Geliebten im mythologischen Rollenspiel die Funktion der Sonne zugeteilt wird, und der hyperbolische Stil des Gedichts stellen freilich den Ernst des Liebestods in Frage.

Wenig eigenständig, so erweist unsere Sammlung, sind die witzigen Ikarus-Epigramme in der deutschen Barock-

12 Giovanni Battista Marino: L'Adone. Hrsg. von G. Pozzi. Bd. 1. Mailand 1976, S. 49f. (I 4 und 6).

literatur.[13] Sie folgen vielmehr italienischen (Guarini und Loredano) und neulateinischen Vorbildern (Calcagnini). Welcher Beliebtheit sich das galante Ikarus-Motiv in der zweiten Schlesischen Schule erfreute, illustriert neben solch witzigen Epigrammen Gottlieb Stolles Selbstvergleich »mit dem Icarus« aus Benjamin Neukirchs das deutsche Barock beschließender *Anthologie*. Das jambische Madrigal gliedert sich in zwei Teile. Der erste Teil (V. 1–5) begründet den Vergleich mit Mythos-Reminiszenzen als *Tertia comparationis*: dem Kerker in Kreta entspricht die Ehrfurcht, die Schwingen, mit denen es Ikarus zur Sonne zieht, ersetzen Liebesgedichte an die Herrin. Der zweite Teil, ein vierversiger Kreuzreim, stellt das ikarische Scheitern vor, markiert durch eine Klage an die Verwegenheit. Es ist die Nähe der ständisch höherstehenden Geliebten, die das lyrische Ich dem Meer der Verzweiflung überliefert.

III

In der mythosfeindlichen Aufklärung gerät die antike Mythologie in den Hintergrund, und der Ikarus-Mythos wird auf seinen technischen Aspekt verkürzt. So feierten sogar die Prämonstratenser-Mönche im oberschwäbischen Schussenried das Flugexperiment ihres Ordensbruders Kaspar Mohr, der Anfang des 17. Jahrhunderts mit selbstgebastelten Flügeln wohlbehalten in den Klosterhof segelte, indem sie ihn im Deckenfresko ihrer Bibliothek als ›neuen Ikarus‹ präsentierten.[14] Freilich verlor mit der Erfindung der Montgolfiere auch der Flug-Mythos an Faszination.

[13] Vielleicht ermunterten solche komischen Grabschriften des Barock auch Peter-Henning Haischer zu seinem bislang ungedruckten Epigramm auf einen Marzipan-Ikarus als Kuchenzier:

Wo willst Du, Dädalus, den Tiefgestürzten suchen?
Sein Grab ist nicht das Meer, sondern ein trockner Kuchen.

[14] Vgl. Gebhard Spahr: Oberschwäbische Barockstraße. Bd. 1: Ulm bis Tettnang. Biberach/Riß 1977, S. 125–138, hier S. 134 und Abb. 52.

Als poetologisches Symbol verwendet ihn Goethe im *Faust II*, wo sich Euphorion, das Produkt von Faust und Helena, zum Himmel erhebt. Dabei stilisiert ihn der Chor zu einem neuen Hermes und Boten einer künftigen idealschönen Welt. Doch anders als der behende Hermes kann Euphorion, seinerseits ein *Mixtum compositum*, zwischen den Polaritäten nicht vermitteln. Er traut seinen verkümmerten Flügeln zu viel zu und stürzt – vom Chor als »Ikarus! Ikarus!« identifiziert – »*zu der Eltern Füßen*« (V. 9901 mit Regieanweisung). In seinem Flugversuch gewinnt Euphorion eine neue Gestalt – sein Haupt strahlt –, auch wenn der Moment der Erleuchtung den Sturz in sich birgt. Doch die selbstzerstörerische Schwungsucht erfährt durch die Transfiguration ein gewisses Recht. Ins Poetologische übersetzt: auch wenn der Versuch scheitert, wie Lord Byron Romantik und Klassik zu verbinden, stiftet der Versuch der Vermittlung ein Idol.[15]

Den gefallenen Ikarus erhebt Charles Baudelaire zum Selbstbild des modernen leidenden Dichters. In seinen *Pleintes d'un Icare* spricht das lyrische Ich aus der Maske des Ikarus, als ›ein Ikarus‹. Die Forschung meint, Baudelaire habe sich an der Medaillon-Serie des Hendrik Goltzius (Abb. S. 49) inspiriert, die neben Ikarus noch die mythischen Rebellen Tantalus, Phaëton und Ixion darstellt.[16] Dies erklärte, warum Baudelaire die Ikarus-Gestalt durch unbestimmte Artikel verallgemeinert und mit anderen mythischen Gestalten wie Ixion (›Wolken umarmen‹ in Strophe 1) und Phaëton (Strophe 2) verbunden hat. Doch möglicherweise verschränkt das Rollengedicht verschie-

[15] Vgl. allgemeiner zur Affinität der Mythen Hans Schwerte: Faustus Ikarus: Flugsehnsucht und Flugversuche in der Faust-Dichtung von der Historia bis zu Goethes Tragödie. In: Goethe-Jahrbuch 103 (1986), S. 302–315.

[16] Charles Baudelaire: Sämtliche Werke und Briefe. Hrsg. von F. Kemp und Cl. Pichois. Bd. 3 und 4: Les Fleurs du Mal. Die Blumen des Bösen. Nouvelles Fleurs du Mal. Neue Blumen des Bösen. Materialien. Wien 1975, S. 312f.

dene Mythen, weil sich der moderne Künstler in einem Mythos allein nicht mehr wiedererkennen kann. Neben der enttäuschten Erhebung aus dem gemeinen Leben markiert die Schlußstrophe die entscheidende Differenz zum mythischen Vorbild: Während Ikarus dem verschlingenden Meer seinen Namen gab, sieht das Ich nur eine namenlose Leere für sich voraus.

Übersetzt haben dieses Schlüsselgedicht der Klassischen Moderne Stefan Zweig (1902), Rainer Maria Rilke (1921) und vor 1900 bereits Stefan George, der die ›vergeibelte‹ deutsche Dichtersprache am Ausgang des 19. Jahrhunderts maßgeblich modernisierte. Daß George mit der Übertragung von Baudelaires *Klagen eines Ikarus* eine poetische Selbstfindung anstrebt, erweist die relative Selbständigkeit seiner Übertragung. So variiert er zum Zwecke einer stärkeren Symmetrie das vorgegebene Reimschema und bildet den Klageton des französischen Originals durch Doppelsenkungen ab, die als elegische Reminiszenz dienen. Vor allem aber wechselt George in der Schlußstrophe vom lyrischen Rollen-Ich in das allgemeine ›Er‹ und verstärkt damit die Distanz vom mythischen Muster.

Bereits 1887, einige Jahre vor seiner Baudelaire-Nachdichtung, hatte Stefan George den Ikarus-Mythos poetisch gestaltet. Das »zu hoch« in den Rahmenversen der ersten Strophe als Bezeichnung eines zu hohen Grades enthält weniger einen Vorwurf als Verständnis. Zusammen mit der Entschuldigung eines ›Nicht-anders-Könnens‹ zeigt die Anrufung des Ikarus die empathetische Nähe des Sprechers. Der Sturz, mit dem temporalen »da« und Enjambements metrisch abgebildet, hat seine Ursache in einer erotischen Begegnung mit der Sonne (»sonnenkuss«). Doch das teilnehmende Sprechen in der Vergangenheitsschilderung wechselt im Schlußvers mit einer überraschenden Zäsur in eine präsentische Aufforderung, sich selbst zu helfen. Diese Vergegenwärtigung verlebendigt den Mythos und überträgt ihn auf das lyrische Ich. So bestimmen in ganz unterschiedlicher Weise

Identität und Alterität das Verhältnis des modernen Künstlers zum mythischen Helden, der sein Himmelsstreben mit dem tödlichen Sturz bezahlt.

Vitalisiert hat die Ikarus-Gestalt Anfang des 20. Jahrhunderts der italienische Dichter Gabriele D'Annunzio.[17] In seinem *Alcyone*-Zyklus spielt der Ikarus-Mythos eine zentrale Rolle. Zwar hält sich D'Annunzio eng an Ovid – eines der Ikarus-Gedichte zitiert sogar Ovid im Titel: *ALTIVS EGIT ITER* (›Höher nahm er den Weg‹) –, doch entsagt sein Ikarus jeder Konvention. Das lyrische Ich bekennt sich zu Ikarus als einem Wahlverwandten, »l'antico fratel mio«, dessen Taten es in seiner »Sucht nach Höhen und Abgründen« erneuern will. Exzentrische Schwungsucht, Wissensdrang oder Farbenlust: diese Eigenschaften ließen Ikarus zu einem Idol für die Dichter der Klassischen Moderne werden, die sich einer neuen Ästhetik verschrieben.

IV

Daß Ikarus kein eigenes Werk zum Künstler macht, sondern nur der selbstzerstörerische Drang zur erweiterten Wahrnehmung, faszinierte die junge Generation der Expressionisten. Gerade die von der modernen Flugtechnik hingerissenen Futuristen rekurrieren in ihrer hyperbolischen Flugdichtung gern auf Ikarus.[18]

Ein frühes Beispiel für die Mythisierung des Fliegens in der deutschen Literatur bietet eine freirhythmische Hymne von Hellmuth Wetzel (1912), die die todesmutigen Flugpioniere zu einer Generation von *Ikariden* stilisiert, »die sterben eh' andre leben, | Und leben um zu sterben«. Der Chiasmus setzt rhetorisch die gesellschaftlichen Regeln außer Kraft, und die Reihe unverbundener Sub-

[17] Vgl. Joseph Farrell: The Age of Icarus – the Adventure of Flight in Gabriele D'Annunzio and Lauro De Bosis. In: Literature and Travel. Hrsg. von M. Hanne. Amsterdam 1994, S. 123–136.
[18] Vgl. Felix Philipp Ingold: Literatur und Aviatik. Europäische Flugdichtung 1909–1927. Basel 1978.

stantive mit der Inversion des Possessivpronomens (»aber ihrer ist die Erob'rung, die Ferne, die Geschwindigkeit«) formuliert in sarkastischer Anspielung auf das christliche Vaterunser (»Denn Dein ist das Reich und die Kraft und die Herrlichkeit«) das Bekenntnis der expressionistischen Ikariden.

Neben Georg Heym, Johannes R. Becher, der *Ikaros* zum Titelhelden eines Fragment gebliebenen politischen Dramas macht,[19] und Lauro De Bosis, dessen Versdrama *Icaro* ihm bei den Olympischen Spielen 1928 in Amsterdam die Goldmedaille in der Disziplin ›Dichtung‹ einbrachte, hat auch Gottfried Benn den Ikarus-Mythos identifikatorisch aufgegriffen und in den Dienst einer radikalen Zivilisationskritik gestellt. Noch vor seinem großen *Ikarus*-Rollengedicht, einem freirhythmischen Triptychon aus dem Jahre 1915, das die ersehnte ›Enthirnung‹ und ›Entstirnung‹ zur ikarischen Elevation stilisiert, hat Benn den gestürzten Ikarus präsentiert: »Da fiel uns Ikarus vor die Füße« (1913).

Der Fünfzeiler erprobt im Zeichen von Ikarus ein neues lyrisches Sprechen: fünf parataktische Sätze mit Ikarus als Subjekt, das nur anfangs unvermittelt genannt wird. Unvermittelt ist auch die wörtliche Rede aus dem Mund des gefallenen Engels Ikarus an das lyrische ›Wir‹. Sie parodiert zynisch das christliche Gebot, sich zu vermehren, was der Mittelvers fortsetzt, der eingeleitet vom schnoddrig verkürzten Lokaladverb »rein«, im antiken Ortsnamen »Thermopylä«, eigentlich ›Warmbrunnentor‹, Spießer-Muff und Geschlechtsakt verhöhnt. Das aggressive Staccato-Sprechen wird durch die Anfangsstellung der Verben

[19] Politisch motiviert ist offenbar auch die Aneignung der mythischen Gestalt bei Alfons Petzold (1882–1923), der um 1910 »gemeinsam mit Freunden den *Ikarus-Bund,* einen sozialistischen *Discutier-Club*« gründete (nach Johannes Sachslehner: Artikel »Petzold«. In: Literaturlexikon. Autoren und Werke deutscher Sprache. Hrsg. von W. Killy. Bd. 9. München 1991, S. 132f., hier S. 132).

ebenso verstärkt wie durch den gewollten Stilbruch der Schlußwendung »war alle« für den Tod des Helden. So destruiert Benn den Mythos und gewinnt aus den Fragmenten einen eigenen expressionistischen Stil, dessen Prinzip die Montage ist.

Um die Mitte des 20. Jahrhunderts kommt es zu einer neuerlichen Rezeption der Dädalus-Figur, und zwar unter kreativitätstheoretischem Aspekt. Sicher hatte James Joyce mit seinem *Portrait of the Artist as a Young Man* und seinem Romanhelden Stephen Dedalus diesen Blickwinkel begünstigt.[20]

Zu den bedeutenderen deutschsprachigen Beispielen gehört Fritz Diettrichs Tragödie *Die Flügel des Daidalos* (um 1933), ein Zeugnis der inneren Emigration. Diettrichs Dädalus stellt einen Künstler in der Schaffenskrise vor. Die Ermordung des talentierten Schülers Talos[21] bildet die Exposition, der im Botenbericht vermittelte Sturz seines Schülers Ikarus – aus der Sicht des ovidischen Fischers – die Katastrophe. Daß das tragische Scheitern des Ikarus auch das Ende des Dädalus bedeutet, weiß am Schluß des Stückes König Minos: »Wenn er [Daidalos] sein Antlitz wendet, ists geschehn: | Die Leere starrt ihn an, das ungeheure | Fangnetz der Götter, dem wir nicht entgehn.«

Auch wenn die Tradition der Künstlerproblematik über Robert Walsers *Minotaurus*-Essay (1926/27) bis zur *Minotaurus*-Ballade Friedrich Dürrenmatts (1985) reicht, so interessierte auch zeitgenössische Dichter vorrangig die Ikarus-Gestalt.

[20] Vgl. u. a. Joseph C. Heininger: Stephan Dedalus in Paris. Tracing the Fall of Icarus in *Ulysses*. In: James-Joyce-Quarterly 23 (1986), S. 435–446.

[21] Mit diesem Namen nimmt Diettrich einen Überlieferungsstrang auf, in dem Dädalus' Schüler und Neffe nicht Perdix, sondern Talos heißt.

V

In der deutschen Dichtung nach 1945 wird der Ikarus-Mythos nicht mehr heroisch, sondern nurmehr gebrochen aktualisiert. Die ironische Brechung zeigt sich etwa in Peter Rühmkorfs *Anti-Ikarus* (1959) nicht nur im Titel, sondern auch in der Form. Mit drei Kreuzreimstrophen kontrastieren drei Prosastücke von zunehmender Länge. Sie wirken in der geringeren Stilhöhe wie ein Einspruch gegen die in den Strophen verhandelte technische Eroberung des Weltraums. Die Niederungen des Alltags, die die Prosa-Passagen präsentieren, verdrängen alle Mythen, die nur noch als lächerliche Abziehbilder in Werbung und Konsum ihr Dasein fristen, wie im »Prometheus-Gasbrenner«. Die alten Flugphantasien erledigt der prosaische Mittelteil, wo der Verfall von Laika, der legendären Hündin im Weltraum, und von Wieland dem Schmied konstatiert werden und der Mythos auch sprachlich »kapuuut« geht.[22]

Insbesondere in der Literatur der DDR bildete Ikarus eine Schlüsselfigur.[23] Durch die sozialistische Erbe-Pflege gedeckt, eröffnete sich ein Freiraum für mehr oder weniger deutliche politische Anspielungen. Unter den vielen Gedichten sei eines der frühesten hervorgehoben: Günter Kunerts *Ikarus 64*, das nach seinem Erscheinen 1966 An-

[22] Den Anspielungsreichtum von Rühmkorfs *Anti-Ikarus* sucht der Kommentar im Quellenverzeichnis aufzuhellen.

[23] Zur poetischen Rezeption vgl. Marilyn Sibley Fries: Fetters of Allusion: The Daedalus Myth in the German Democratic Republic. In: The German Quarterly 59 (1986), S. 528–546, Birgit Lermen: »Über der ganzen Szenerie fliegt Ikarus«. Das Ikarus-Motiv in ausgewählten Gedichten von Autoren aus der DDR. In: Deutsche Lyrik nach 1945. Hrsg. von D. Breuer. Frankfurt/Main 1988, S. 284–305, und Elke Mehnert: Rezeption antiker Mythen in der DDR-Literatur. Zum Beispiel Daidalos und Ikaros. In: Deutsch als Fremdsprache. Sonderheft 1988, S. 11–14.

laß für eine heftige Attacke gegen Kunert war.[24] Die vier Teile des Gedichts bilden eine formale wie gehaltliche Opposition. Die Abschnitte 1 und 2 sind durch die Feststellung »Fliegen ist schwer« gerahmt. Sie decouvrieren technische wie gesellschaftliche Aufschwünge als Freiheitssurrogate und erinnern an den Ballast der kreatürlichen Triebe und an das »kulturelle Übergewicht«, das jeden Aufschwung hemmt. Dagegen plädieren die Abschnitte 3 und 4, die die Aufforderung zum Anlauf (»nimm einen Anlauf«) rahmt. Der adversative Charakter des zweiten Teils tritt im einleitenden ›dennoch‹ zutage. Der doppeldeutige Finalsatz »damit du hinfliegst« schließt die Möglichkeit des Scheiterns ein wie der Horizont, der in der Ferne eine Versöhnung von Himmel und Erde vorspiegelt.

Diese Dialektik von Hoffnung und Enttäuschung charakterisiert die oppositionelle Indienstnahme des Ikarus-Mythos in der DDR, die – wie Gerd Adloffs Anspielung auf Gottfried Benn zeigt[25] – zudem bislang übersehene literarische Traditionen erkennen läßt. Doch gibt es auch Versuche, das Verhalten des Dädalus zu rechtfertigen (wie in Gerhard Holtz-Baumerts Kinderbuch *Daidalos und Ikaros*[26]), und Beispiele einer systemkonformen Kritik am unnützen Heroismus des Ikarus (wie in Peter Gosses *Munterung an Dädalus*).

Vor diesem Hintergrund ist die bekannteste politische Übertragung des Mythos zu sehen: Wolf Biermanns *Bal-*

[24] Vgl. hierzu auch Günter Kunerts auf das Gedicht bezogenen poetologischen Essay *Paradoxie als Prinzip* in: G. K.: Warum schreiben? Notizen zur Literatur. Berlin und Weimar 1976, S. 275–285.

[25] Lermen (wie Anm. 23), S. 284f., zitiert Adloffs Gedicht *Selbstmord,* ohne den Benn-Bezug des Eingangsverses zu bemerken (»Da fiel er uns vor die Füße: | Ikarus« nach Benns »Da fiel uns Ikarus vor die Füße«).

[26] Gerhard Holtz-Baumert: Daidalos und Ikaros. Illustrationen von Klaus Ensikat. Berlin 1984 (als Lizenzausgabe auch: Weinheim und Basel 1984).

lade vom preußischen Ikarus (1975). Die sechs Strophen bestehen aus drei erzählenden und drei Refrain-Strophen, die aber metrisch und im Reimschema übereinstimmen. Auf der Weidendammerbrücke über der Spree posiert das lyrische Ich vor dem gußeisernen preußischen Adler als ›preußischer Ikarus‹. So sieht man Biermann auf einem Foto, das der amerikanische Dichter Allan Ginsberg aufgenommen hat und das den Anlaß der Ballade bildete.[27] Daß es sich bei der mythischen Projektion um ein Rollenspiel handelt, ist dem Sprecher bewußt. Denn die vorletzte Strophe läßt aus dem Spiel Ernst werden, indem sie den preußischen Adler dämonisierend belebt, der als Vogel Greif das lyrische Ich aus seinem »Inselland« wegträgt. Wie leicht aus dem Rollenspiel Ernst wird, illustriert die Variation der letzten Refrain-Strophe. Die wiederholbare Simulation, das distanzierte »Dann steht da«, wird singuläre Wirklichkeit, die Rolle eine aufgezwungene Identität: das lyrische Ich *ist* der preußische Ikarus. Markierten die Verneinungen des Refrains ›Nicht-Abstürzen‹, ›Keinen-Windmachen‹ und ›Nicht-Schlappmachen‹ zuvor die Differenz der Rolle zum mythischen Muster, so verbürgen sie in der Affirmation, daß der Ernstfall des Mythos eintritt.

Dieser Wechsel zwischen Spiel und Ernst, Identifikation und Ablehnung, Sympathie und Kritik bestimmt die Rezeption des Ikarus-Mythos seit der Antike und ist längst noch nicht zu Ende.

VI

Die Anthologie stellt den poetischen Aneignungen des Ikarus-Mythos repräsentative bildkünstlerische Gestaltungen zur Seite und versammelt in einem Appendix Zeugnisse für die literarische Wirkung von Pieter Brue-

[27] Vgl. das Zitat im Quellenverzeichnis. Zur Interpretation zuletzt Reinhold Grimm und Caroline Molina y Vedia: Wolf Biermanns »Preußischer Ikarus« in weltliterarischem Zusammenhang. In: Literatur für Leser 1996, S. 169–185.

ghels Ikarus-Gemälde. Daher sei hier die Geschichte der künstlerischen Mythos-Rezeption skizziert.

Bereits die antiken Künstler zeigen eine ausgeprägte Vorliebe für bestimmte Szenen des Mythos.[28] So wurde jene Belehrungsszene, in der Dädalus dem Sohn die Flügel anlegt und wie sie das reproduzierte Relief aus der Villa Albani (Abb. S. 17) darstellt, bereits im 5. Jahrhundert v. Chr. behandelt. Erst im kaiserzeitlichen Rom wurde auch der Sturz des Ikarus zu einem beliebten Bildthema, wie zahlreiche Wandgemälde aus Pompeji beweisen. In der frühen griechischen Kunst, im 6. Jahrhundert v. Chr., finden sich bereits Einzeldarstellungen des Dädalus, während frühe Einzeldarstellungen des Ikarus nur selten nachgewiesen sind. Die nachträgliche, dann aber dominierende Einbeziehung des Ikarus in die Dädalus-Ikonographie stimmt mit der literarischen Verarbeitung der mythischen Konstellation überein.

Ebenso kommt die dichotomische Bewertung, die sich in der Mythos-Rezeption der frühneuzeitlichen Literatur zeigte, auch in der bildenden Kunst zum Tragen.[29] Während Hendrik Goltzius (wie auch Jost Ammann) in seiner manieristischen Rundbildserie von Himmelsstürmern *Ikarus* als Exempel eines Rebellen präsentiert – Dädalus erscheint nurmehr als extrem verkleinerte Hintergrundsfigur –, illustriert ein italienischer Fürst um 1600 seine Imprese ›Nichts ungewagt zu lassen‹ mit der fliegenden Ikarus-Gestalt. Der Kommentator verteidigt die kühne Imprese mit dem Wagemut des Amerigo Vespucci.[30]

[28] Vgl. den Überblick von Jacob E. Nyenhuis: Daidalos et Ikaros. In: Lexicon Iconographicum Mythologiae Classicae. Bd. III. Zürich und München 1986, Tl. 1, S. 313–321, und Tl. 2, S. 237–242 (Abbildungen).

[29] Vgl. Margarete Bessau: Dädalus und Ikarus. In: Reallexikon zur deutschen Kunstgeschichte. Bd. 3. Stuttgart 1954, S. 976–981.

[30] Jacobus Typotius: Symbola Divina et Humana (1601–03). Bd. 3. Graz 1972, S. 102 und 104f. (»Pompeius Columna Dux Paliani et Tagliacozae«).

Im Gegensatz zu diesen Ikarus-Interpretationen läßt sich das wichtigste bildkünstlerische Zeugnis der Mythos-Rezeption in der Frühen Neuzeit, *Der Sturz des Ikarus* von Pieter Brueghel dem Älteren aus dem Jahre 1555, nicht leicht in die übliche Bewertungsopposition einordnen.[31]

Das Bild (Abb. S.184) stellt eine weite Küstenlandschaft dar. Es ist Abend, denn die Sonne geht unter. Eine Seestadt liegt links im Hintergrund. Einige Segelschiffe, von denen ein größeres hervorsticht, sind über das Meer verteilt. Drei Repoussoirfiguren bestimmen den Vordergrund: Rechts wirft ein Fischer seine Angel aus, daneben steht inmitten seiner Schafherde ein Hirte, auf seinen Stab gestützt, den Blick zum Himmel gerichtet, während in der Bildmitte ein Bauer pflügt. Zwischen Angler und Schiff sieht man die Beine eines ins Wasser stürzenden Menschen. Die drei im Verhältnis zu Ikarus übergroßen Figuren fordern dazu auf, die Brücke vom Phänomenssinn zum Bedeutungssinn des Bildes zu schlagen. Außerdem beweisen sie, daß Brueghel den *Metamorphosen* des Ovid folgt, wo diese Figuren erwähnt sind (VIII 217–220).

Doch während bei Ovid Fischer, Hirte und Bauer Dädalus und Ikarus bei ihrem Flug beobachten, hat Brueghel bereits den Moment des Sturzes gestaltet und Dädalus ausgespart. Dafür hat er Ovids nachgetragene Vorgeschichte in Gestalt des Rebhuhns berücksichtigt, das vorne rechts im Gesträuch erkennbar ist und allein durch die Nähe auf den Sturz des Ikarus bezogen ist. Die kunstgeschichtliche Deutung des Bildes hat das Schwert in der Scheide und den Geldsack auf dem Felsen im Vordergrund als bildliche Umsetzung zweier Sprichwörter gedeutet: »Der Degen und das Gold fordern kluge Händ'«

[31] Die ausführlichste Interpretation in der neueren Literatur, die nicht ohne eine Reihe spekulativer Voraussetzungen auskommt und Brueghel als Mythenkompilator präsentiert, versucht Beat Wyss: Pieter Bruegel, Landschaft mit Ikarussturz. Ein Vexierbild des humanistischen Pessimismus. Frankfurt/Main 1990 (hier auch die ältere Forschung).

und »Was man sät auf Steine, kommt nicht auf die Beine«. Solche symbolischen Hinweise – dazu zählt auch die Leiche im Wald über dem Kopf des Pferdes als Illustration des Sprichworts »Ein Bauer macht vor einem Toten nicht halt« – würden als ikonischer Kommentar das Verhalten des Ikarus als sinnlos und närrisch abwerten. Das Bild relativiere somit die heroische Tat des Ikarus zur einmaligen Aktion, die den Lauf der Welt nicht ändern könne.

Eine andere Version des Bildes, wohl eine zeitgenössische Kopie von unbekannter Hand (Abb. S. 218), die den fliegenden Dädalus präsentiert und damit den himmelwärts gewandten Blick des Hirten motiviert, ändert an der grundsätzlichen Relativierung des Ikarus-Sturzes nichts. Allerdings ließe sich dieser Version auch die Gleichgültigkeit der Welt gegenüber heroischen Aktionen als resignativer Bedeutungssinn abgewinnen.

Tatsächlich hat Brueghels Gemälde gerade im 20. Jahrhundert, wie kaum ein anderes, die Gattung des Bildgedichts bereichert: Gisbert Kranz hat 35 Gedichte auf Brueghels Ikarus-Sturz ausfindig gemacht und gesammelt,[32] einige Prosatexte kommen hinzu. Zu den literarischen Deutungen des Bildes, Mythos-Rezeptionen zweiten Grades, zählen Texte von Marie-Luise Kaschnitz, Wolf Biermann, Erich Arendt oder Thomas Rosenlöcher; sie sind allesamt provoziert von der Ambivalenz des Ikarus in der Bildkomposition: Heros oder Narr.

Das 17. Jahrhundert intimisierte und ästhetisierte den Mythos, indem es auf großflächige Deckengemälde und panoramatische Landschaftsbilder verzichtete und anstelle des Sturzes immer häufiger die Belehrungsszene ge-

[32] Vgl. Gisbert Kranz: Bruegels »Icarus« gedeutet von Dichtern. In: Literatur in Wissenschaft und Unterricht 14 (Juni 1981), S. 91–102; ders: Meisterwerke in Bildgedichten. Rezeption von Kunst in der Poesie. Frankfurt/Main [u. a.] 1986, S. 344–371; ders.: Das Bildgedicht. Theorie, Lexikon, Bibliographie. 3 Bde. Köln/Wien 1981–1987.

staltete: Dabei erscheinen Dädalus und Ikarus als gegensätzliches Männerpaar. Die Schönheit des jungen, attraktiven Ikarus, meist als Halbakt präsentiert, wird im Kontrast zu dem alten Dädalus als Begleitfigur hervorgehoben. In dieser Generationenopposition, die später auch Antonio Canovas Skulpturengruppe (s. Umschlag und Seite 1 dieses Bandes) prägt, wirkt die Vater-Sohn-Beziehung konfliktgeladen.

So ist es nur folgerichtig, daß aus dieser Relation der junge Ikarus isoliert und als jünglingshaftes Idol präsentiert wurde. Dies zeigt, am Ende des 19. Jahrhunderts und wiederum in deutlicher Parallele zur literarischen Mythos-Rezeption, die schwülstige Ästhetisierung von Herbert James Draper. Sein *Lament for Icarus* (Abb. S. 91) folgt ikonographisch der Beweinung Christi, wobei die übergroßen Flügel Kreuz und Grabtuch zugleich zitieren.[33] Zum jugendlichen Heros stilisiert, wird Ikarus zum Inbegriff der modernen Generation. Georg Kolbe etwa entwirft 1918 ein Fliegerdenkmal, das Ikarus wie eine Siegesgöttin erhöht, und Wilhelm Lehmbrucks intimere Ikarus-Radierung (Abb. S. 115) überformt den gestürzten Heros synkretistisch: sein Genius verkörpert zugleich Ikarus und Pygmalion.[34]

In der deutschen Kunst der Nachkriegszeit divergiert die Bedeutung des Mythos: Wurde Ikarus in der DDR seit den siebziger Jahren ein Sinnbild, blieb er in der Bundesrepublik *ein* mythologisches Sujet von vielen. Unter den Klassischen Mythen, die im Schutze der Erbe-Doktrin offiziell rezipiert werden konnten, war der von Ikarus mit Abstand am beliebtesten. Im Jahre 1981 konnte eine Ikarus-Ausstellung in Halle über 150 zeitgenössische Arbeiten präsentieren, die das Sujet meist als »Zeichen für den

[33] Vgl. Angelo Walther. Von Göttern, Nymphen und Heroen. Die Mythen der Antike in der bildenden Kunst. Leipzig 1993, S. 160f.

[34] Vgl. Dietrich Schubert: Die Kunst Lehmbrucks. Worms und Dresden ^{2}1990, S. 228f.

gesellschaftlichen Aufbruch« interpretierten.[35] Neben Bernhard Heisig, der die Ambivalenz des Ikarus-Stoffs ins Bild rückte, nahm sich Wolfgang Mattheuer seit 1976 in zahlreichen Versionen des Themas an. Die euphorischen Aspekte treten im Laufe der Zeit zugunsten zunehmender Skepsis zurück. Beispielhaft dafür ist Mattheuers Linolstich *Seltsamer Zwischenfall* (Abb. S. 147), der den gestürzten Ikarus im Vordergrund einer spektakulären Berglandschaft am Straßenrand in der Pose eines Crucifixus darstellt und das tragische Scheitern des einzelnen in unverkennbare Spannung zur scheinbaren Sicherheit des Kollektivs setzt: Ikarus ist das Schauobjekt neugieriger Ausflügler in einem zu Tal fahrenden Omnibus der in der DDR üblichen Marke »Ikarus«.

[35] Vgl. Hubertus Gaßner: Die mythische Dimension in der Malerei. Am Beispiel von Wolfgang Mattheuer und Walter Libuda. In: Zeitvergleich '88. 13 Maler aus der DDR. Katalog. Hrsg. von U. Eckhardt und D. Brusberg. Berlin 1988, S. 45–76, hier S. 59, und Inge Stuhr: Zur Ikarusthematik bei Bernhard Heisig. In: Bernhard Heisig. Malerei, Graphik, Zeichnungen. Katalog. Hrsg. vom Museum der bildenden Künste Leipzig. Leipzig 1985, S. 29–35.

Weiterführende Literatur

Margarete Bessau: Dädalus und Ikarus. In: Reallexikon zur deutschen Kunstgeschichte. Bd. 3. Stuttgart 1954, S. 976–981.

Christoph Bode: Audens leidender Icarus: ein symptomatisches Mißverständnis. In: Germanisch-romanische Monatschrift 64 (1983), S. 81–93.

Joseph Farrell: The Age of Icarus – the Adventure of Flight in Gabriele D'Annunzio and Lauro De Bosis. In: Literature and Travel. Hrsg. von M. Hanne. Amsterdam 1994, S. 123–136.

Marilyn Sibley Fries: Fetters of Allusion: The Daedalus Myth in the German Democratic Republic. In: The German Quarterly 59 (1986), S. 528–546.

Joseph G. Fucilla: Etapas en el Desarrollo del Mito de Icaro en el Renacimiento y en el Siglo de Oro. In: J. G. F.: Superbi colli e altri saggi. Rom 1963, S. 45–84.

Hubertus Gaßner: Die mythische Dimension in der Malerei. Am Beispiel von Wolfgang Mattheuer und Walter Libuda. In: Zeitvergleich '88. 13 Maler aus der DDR. Katalog. Hrsg. von U. Eckhardt und D. Brusberg. Berlin 1988, S. 45–76.

Bernhard Greiner: Der Ikarus-Mythos in Literatur und bildender Kunst. In: Michigan Germanic Studies 8 (1982), S. 51–126.

Reinhold Grimm und Caroline Molina y Vedia: Wolf Biermanns »Preußischer Ikarus« in weltliterarischem Zusammenhang. In: Literatur für Leser 1996, S. 169–185.

Brigitte Hebel: Vidit et obstupuit. Ein Interpretationsversuch zu Daedalus und Icarus in Text und Bild. In: Der altsprachliche Unterricht 15 (1972), S. 87–110.

Richard Holland: Die Sage von Daidalos und Ikaros. Schulprogramm Leipzig 1902.

Felix Philipp Ingold: Der Autor im Flug. Daedalus und Icarus; Könnerschaft und Inspiration. In: F. Ph. Ingold: Der Autor am Werk. Versuche über literarische Kreativität. München/Wien 1992, S. 11–95.

Joseph Leo Koerner: Die Suche nach dem Labyrinth. Der Mythos von Dädalus und Ikarus. Frankfurt/Main 1983.

Gisbert Kranz: Bruegels »Icarus« gedeutet von Dichtern. In: Literatur in Wissenschaft und Unterricht 14 (Juni 1981), S. 91–102.

Birgit Lermen: »Über der ganzen Szenerie fliegt Ikarus«. Das Ikarus-Motiv in ausgewählten Gedichten von Autoren aus der DDR. In: Deutsche Lyrik nach 1945. Hrsg. von D. Breuer. Frankfurt/Main 1988, S. 284–305.

Friedrich Maier: Ovid. Dädalus und Ikarus. – Der Prinzipat des Augustus. Interpretationsmodelle. Bamberg 1981 (Auxilia. Unterrichtshilfen für den Lateinlehrer).

Elke Mehnert: Rezeption antiker Mythen in der DDR-Literatur. Zum Beispiel Daidalos und Ikaros. In: Deutsch als Fremdsprache. Sonderheft 1988, S. 11–14.

Jane Davidson Reid: The Oxford Guide to Classical Mythology in the Arts, 1300–1990s. Bd. 1. New York/Oxford 1993, S. 586–593.

Niall Rudd: Daedalus and Icarus. (i) From home to the End of the Middle Ages; (ii) From the Renaissance to the Present Day. In: Ovid Renewed: Ovidian Influences on Literature and Art from the Middle Ages to the Twentieth Century. Hrsg. von Ch. Martindale. Cambridge 1988, S. 21–35, 37–53, 256–263.

Manfred Schmeling: Der labyrinthische Diskurs. Vom Mythos zum Erzählmodell. Frankfurt/Main 1987.

John H. Turner: The Myth of Icarus in Spanish Renaissance Poetry. London 1976.

Robert Vivier: Frères du ciel. Quelques aventures poétiques d'Icare et Phaéton. Brüssel 1962.

Beat Wyss: Pieter Bruegel, Landschaft mit Ikarussturz. Ein Vexierbild des humanistischen Pessimismus. Frankfurt/Main 1990.

RECLAM-BIBLIOTHEK

Mythos Orpheus

Texte von Vergil bis Ingeborg Bachmann

Herausgegeben von Wolfgang Storch
291 Seiten. RBL 1590. 22,– DM
ISBN 3-379-01590-3

Orpheus, der in der Trauer über den Tod Eurydikes die Kraft findet, die Götter der Unterwelt herauszufordern, der den Tod überwindet, scheitert. Wie ist sein Gang in die Unterwelt erzählt worden? Wie ist sein Blick zurück, der verbotene, der tötende Blick, verstanden worden? Was bedeutete der Tod des Orpheus? Er war der erste Sänger, der Erfinder der Musik. In seinem Gesang waren die Gesetze der Natur aufgefangen, war ihre Harmonie freigesetzt. Der Sänger war ein Künder des Dionysos, er wurde zum Stifter eines Kults, einer Religion. Den Kirchenvätern ist Orpheus ein Bild für Christus, ein Überwinder des Todes, Künder und Geopferter.

Das Buch belegt die Literarisierung eines Mythos der Weltkultur durch die Jahrhunderte. Bis ins 20. Jahrhundert ist der Mythos von Orpheus Spiegel des Künstlers geblieben.